진주팔경

진주문화를 찾아서 8

진주팔경

초 판 1쇄 인쇄　2007. 6. 25.

초 판 1쇄 발행　2007. 6. 30.

지은이　강희근 글 · 김용철 사진

펴낸이　김경희

펴낸곳　(주)지식산업사

주 소　서울시 종로구 통의동 35-18

전 화　(02)734-1978(대)

팩 스　(02)720-7900

인터넷한글문패 지식산업사

인터넷영문문패 www.jisik.co.kr

　　　전자우편　jsp@jisik.co.kr

등록번호 1-363

등록날짜 1969. 5. 8.

ⓒ 강희근 · 김용철, 2007

ISBN 978-89-423-4828-2　03380

ISBN 978-89-423-0034-1　(세트)

책값은 뒤표지에 있습니다.

이 책을 읽고 문의하고자 하는 이는 지식산업사 전자우편으로 연락 바랍니다.

진 주 팔 경

강희근 글 / 김용철 사진

지식산업사

진주문화를 찾아서

　새천년의 문턱을 넘어 첫발을 내딛으면서 우리는 진주문화를 찾아서 길을 나섰다.

　돌이켜 보면 우리 겨레는 지난 세기 동안에 참혹한 시련을 겪었다. 앞쪽 반세기 동안에는 왜적의 침략으로 값진 삶의 전통을 이지러뜨리고 여지없는 수탈로 굶주림에 시달렸다. 뒤쪽 반세기 동안에는 미·소 두 패권에 깔려 조국이 동강 나서 싸움의 불바다를 겪고, 남북의 독재 권력에 짓눌려 마음껏 살아볼 수가 없었다. 그러나 남쪽에서는 수많은 사람들이 피로써 독재 권력과 싸우며 겨레의 전통과 문화를 되살리는 길을 찾으려 안간힘을 다한 나머지, 80년대를 들어서면서 마침내 독재를 내쫓고 전통을 살리는 길이 보이기 시작했다.

　우리 고장 진주에서도 얼이 깨어 있고 마음이 젊은 사람들이 갖가지 모임을 만들어 전통문화를 살리고 사람답게 살려고 마음을 모아 일어섰다. 어떤 모임은 자연을 살리고, 어떤 모임은 말을 살리고, 어떤 모임은 정치를 살리고, 어떤 모임은 언론을 살리고, 어떤 모임은 예술을 살리고, 어떤 모임은 농사를 살리고, 어떤 모임은 힘겹게 사는 이들을 살리고…… 이 모든 일들 안에서 짓밟혔던 겨레의 전통을 되살리고자 했다. 그리고 오래 잊지 못할 여러 일들을 이미 이루어서 우리 모두 자랑스러워하고 있다.

이런 세상의 흐름을 타고 우리가 진주문화를 찾아서 나설 수 있었던 힘은 무엇보다도 '남성문화재단'에서 나왔다. 이 재단이 진주문화의 지킴이며 지렛대임은 진주 사람들이 두루 아는 사실이거니와, 우리가 진주문화를 찾아 나선 뜻이 남성재단이 이루려는 뜻과 어우러지는 것을 자랑스럽게 생각한다. 그리고 이런 뜻이 진주문화를 사랑하는 모든 사람들과 또 다른 고장 사람들에게로 번져 나갈 수 있으면 우리 일에 더없는 보람이 되겠다.

'진주문화를 찾아서' 편간위원회

차　례

1 진주는 풍광이 빼어난 고장이다

$\Huge\text{진}$ 주는 천년 고도이다. 선사문화 이래 가야문화를 거쳐 연면히 더 나은 삶을 위한 노력과 이룸의 중심지로 이어져 왔다. 그리하여 호국 충절의 도시, 문화 예술의 도시, 교육 도시, 민권의 도시 등 붙여지는 이름들도 다양함을 볼 수 있다.

거기에다 진주는 풍광이 빼어나 걸출한 인물들이 배출되었던 곳임은 두말할 나위가 없다. 포은 정몽주는 〈비봉루〉라는 시에서 "영지에서 인걸이 난다 하는데 진주의 삼성이라(地靈人傑姜河鄭), 그 이름 남강과 함께 영원히 흘러가리(名與長江萬古流)"라 쓰고 있다. 포은은 진주 땅을 신령스럽다고 표현하여 풍광이 단순한 풍광이 아님을 말해 주고 있다.

〈세종실록지리지〉에서 "땅이 기름지고 기후가 따뜻하며(厥土肥 風氣暖), 풍속은 부유하고 화려함을 숭상한다(俗尙富麗)"라 한 것이라든지 《신증동국여지승람》「풍속」조에서 "습속이 시·서를 숭상하고, 부유하고 화려함을 숭상한다(俗尙詩書 尙富麗)"라 하고 또 「형승」조에서 "이인로의 파한집에서 진양의 시내와 산의 훌륭한 경치가 영남에서 제일이다(李仁老集 晉陽溪山勝致 爲嶺南第一)"이라 한 글 등은 진주의 풍광이 수려한 것에 대한 간접적이거나 직접적인 표현에 이어지는 구절들이다.

시인 묵객들이 진주를 찾으면 풍광에 젖어 반드시 시 한 수씩 써놓고 갔는데 문자 이래 그 편수를 다 아우르는 시집은 아직 없다. 그런 가운데 1996년 진주문화원에서 역대의 한시 500여 수와 현대시 150여 수를 합한 650여 수를 찾아 《진주예찬》을 편집해 내었다. 이것만으로도 진주의 풍광이 예사롭지 않다는 점을 일깨워 주고, 진주풍광을 소재로 쓰여진 시들이 전국에서 찾아보기 드문 지방색 문학

을 이루고 있으리라는 예측을 하게 해준다. 이 책에 실린 시 가운데
서 오래된 한시 한 수와 현대시 한 편을 읽어 보자.

진양 산수(晉陽 山水)

이 색(李穡 1328~1396)

진양의 산수를 오래 전에 그 이름 알았더니
다투어 뛰어난 풍류는 기상이 맑았도다
막부에 해가 길어 앉아서 휘파람 불기에 좋은데
어느 누가 날 위해서 좋은 꾀 이루게 해 주랴.

晉陽山水久知名　競秀爭流氣像淸
幕府日長宜坐嘯　何人爲我好謀成

남강 가에서

박재삼(朴在森 1933~1997)

강(江)바닥 모래 알 스스로 도는
진주 남강(晉州 南江) 물 맑은 물같이는
새로 생긴 혼이랴 반짝어리는
진주 남강(晉州 南江) 물빛 맑은 물같이는
사람은 애초부터 다 그렇게 흐를 수 없다

강(江)물에 마음 홀린 사람 두엇
햇빛 속에 이따금 머물 줄 아는 것만이라도
사람의 흐르는 세월은
다 흐린 것 아니다. 다 흐린 것 아니다.
그런 것을 재미삼아 횟거리나 장만해 놓고
강(江)물 보는 사람이나 맞이하는 심사로

막판엔 강가에 술집 차릴 만한 세상이긴 한 것을
가을날 진주 남강(晉州 南江) 가에서
한정 없이 한정 없이 느껴워한다.

〈진양산수〉를 쓴 고려 말 목은(牧隱) 이색의 작품은 이 밖에도
〈촉석루〉, 〈진주성〉, 〈남강〉 등이 있는데《진주예찬》에 다 실려 있
다. 진양의 산수를 익히 듣고 있다가 인근 막부(幕府, 관직)에 봉직하
면서 짬을 내어 진주에 자주 들를 수 있었던 것으로 보인다. 진주의
풍광과 사람살이를 성하고 뛰어난 풍류로, '기상이 맑은' 것으로 표
현하고 있음을 본다. 이때 기상은 산수 가운데에서 물 쪽을 각별히
바라보고 난 뒤의 표현이 아닌가 한다.

진주성 촉석루의 가을

이색보다 6백 년 뒤 나온 현대시인 박재삼은 〈남강 가에서〉를 노래했는데 정확하게 남강 물을 예찬해 놓았다. 강바닥 모래알 도는 것이 비치는 맑은 물로, 새로 생긴 혼이 반짝거리는 듯한 밝은 물로 표현해 놓은 이 시는 '사람은 애초부터 다 그렇게 흐를 수 없다'는 대목을 이어 놓음으로써 강을 젖줄로 삼아온 사람들이 살아가는 공간으로서는 진주가 최고의 자리임을 말하고 있는 것으로 읽힌다.

그리하여 시인 허유(1936~)는 진주를 다음과 같이 자신 있게 노래할 수 있었다.

팔도강산을 다 돈 끝에
진주에 와 닿으면
그때부터 여행의 시작이다.

팔도강산을 다 돌아 볼려고
맨 처음 진주에 와 닿으면
이제 여행의 끝이다.

— 〈진주〉 앞부분

팔도강산을 다 돌아보았다 하더라도 진주를 보지 않으면 여행한 것이 아니라는 말이고, 팔도강산을 돌아보기 위해 짐을 꾸리고 나섰다 하더라도 진주를 보면 여행을 더 할 필요가 없다는 말이다. 그 풍광의 비밀은 무엇인가?

2 그 가운데 팔경이 으뜸이다.

진주는 풍광이 수려한 곳이기 때문에 시인이나 화가들이 12경을 꼽거나 10경을 꼽으며 노래하거나 그림을 즐겨 그렸다. 12경이나 10경은 입과 입으로 예찬되면서 사람마다 시대마다 각기 다른 경치를 나름대로 골라 넣어 불려졌다. 현재 두 종류의 12경이 전해지고 있고 한 종류의 10경이 전해지고 있다.

그 뿌리를 밝혀 적을 수 있는 자료를 찾을 수 없어 진주시가 발행한 《내 고장의 전통》(문화공보 담당관실 편, 1883)과 《진주의 뿌리》(진주시 문화관광 담당관실 편, 2003)를 참고로 12경과 10경을 보면 아래와 같다.

● 진주 12경(1)

1경: 촉석임강(矗石臨江)

장중하고 오랜 역사를 간직한 촉석루 그림자가 잠긴 강물 위에 흰 구름 두둥실 떠서 물새 노니는 것을 으뜸으로 삼는다.

성지(城址)에서 바라본 촉석루

2경: 의암낙화(義岩落花)

논개가 왜장을 껴안고 순절한 의암 위에 춘삼월 꽃잎이 날려 와서 흰 눈처럼 너울거리는 경치는 절로 술잔을 들게 하지 않는가.

3경: 망미고성(望美古城)

영남포정사인 망미루에서 내성과 외성을 바라보노라면 아침 저녁의 밥 짓는 연기 속에 괴롭고 시끄러운 속세를 잊는 무아의 경지를 뉘 잊으리.

4경: 비봉청람(飛鳳靑嵐)

진주의 주봉인 비봉산의 묵은 나무에 파아란 새순이 돋아나고 아지랑이 춤추며 그 가운데 나물 캐는 처녀들 노랫소리는 가슴을 설레게 한다.

진주 시가지에서 바라보이는 비봉산

5경: 호국효종(護國曉鍾)

한 많은 그믐달이 서산에 기울고 서장대가 남강에 달그림자 꼬리를 물며 벌레 울음도 잠든 새벽, 호국사의 첫 종소리와 목탁소리는 가히 신선의 경지다.

6경: 수정반조(水晶返照)

수정봉의 순천당 산마루에 노을이 지고 까마귀는 집을 찾아 돌아온다. 가을에 물든 단풍잎이 함께 어울려 붉게 비칠 때 멀리 님 소식 전하려 가는 기러기 행렬에 인생의 향수를 느낀다.

7경: 풍천표아(楓川漂娥)

강변 아낙네들의 빨래 방망이 소리에 물오리 날고 낚시 배는 한가히 물에 떴는데 맑은 바람 불어와서 여인의 머리카락 날리면 절로 시 한 수 나올 법하다.

8경: 청평총죽(菁坪叢竹)

배 건너 대밭은 물먹어 이끼 푸르고 아침 저녁으로 모여드는 수천 마리의 까마귀 울음은 임진란 가신 님의 고혼을 부르는 듯 길손의 가슴을 칼로 에는 듯하다.

9경: 진소연화(晋沼蓮花)

지금은 메워져 없지만 진영못 큰 둘레 속에 수많은 연꽃이 피어 있고 북장대 높은 다락에서 속세를 굽어보니 잉어 한 마리 물을 차고 뛰어오른다.

10경: 선학노송(仙鶴老松)

뭇사람들 땅에 묻히고 소슬바람 고개를 넘을 때 고개 위에 우뚝 솟은 천년 노송은 사시장천을 버티어 있다.

11경: 남산행주(南山行舟)

진주성은 마치 남산을 향하여 물결을 차고 돌진하는 전함마냥 되어 있고 구정칠택(九井七澤)이 전설을 안고 도사렸다(망진산 우러러 감도는 비단 물결 위에 전설처럼 오르내리는 배들이 한가롭다).

12경: 아산토월(牙山吐月)

동쪽 멀리 우뚝 솟은 월아산이 달을 머금고 보름달을 토해 내는 장관은 천하일품이 아닐 수 없다.

여기서 보면 12경은 촉석루, 의암, 진주성 내경, 비봉산, 호국사, 수정봉, 빨래하는 아낙네들, 대밭, 진영못, 선학산, 진주성 외경, 월아산 등이 손꼽힌다. 그런데 다른 12경은 이와는 상당히 다르다.

● 진주 12경(2)

1경: 촉석량풍(矗石凉風)

촉석루 높은 다락으로 한 줄기 소슬바람 불어와 나그네 마음을 씻어 주누나.

2경: 향교야우(鄕校夜雨)

나라의 으뜸인 진주 향교에 밤비가 내려 선비의 가는 길을 재촉하누나.

3경: 의곡홍엽(義谷紅葉)

의곡사 종소리 울려 퍼지고 단풍은 더욱 붉어 우리네 인생을 돌아보게 하네.

4경: 북장망춘(北將望春)

북장대 다락에서 내려다 본 성터에 계사년 죽어간 넋인 양 파릇파릇 봄풀이 돋았구나.

5경: 의암청람(義岩靑嵐)

의로운 바위를 어루만지며 남강이 흐르고 그 위에 아지랑이는 님을 그려 맴도누나.

성벽을 받치는 바위와 의암

6경: 망경추월(望京秋月)

망경산에 가을달 뜨고 강물은 한결로 굽이쳐 도는데 엎드려 다가오는 먼 산이 뚜렷하네.

7경: 성지한월(城址寒月)

　　성터에 차가운 겨울달 뜨면 기러기 쌍으로 날아서 오고 역사를 생각하는 나그네 발길이 무겁구나.

8경: 남강도의(南江擣衣)

　　남강에 봄이 오면 빨래하는 아낙네들 삼삼오오 모여들고 빨랫소리 강을 건너 봄마실을 가누나.

9경: 옥봉모설(玉峰暮雪)

　　옥봉의 저녁답 눈이 내리고 이 집 저 집 안방에 불이 켜지면 화로에 알밤도 익어 가리라.

10경: 오암유형(鼯岩流螢)

　　뒤벼리 벼랑에 반딧불이 날고 더위는 강에 실려 바위에 닿아 밤새도록 춤추며 노니는구나.

11경: 섭천춘무(涉川春霧)

　　섭천에 봄안개 비단처럼 깔리고 마을의 깊은 사연 안개의 등에 업혀 마냥 흐르네.

12경: 대사지연(大寺池蓮)

　　대사못에 연꽃이 색시처럼 피고 물 찍고 오르는 새들도 볼이 붉어라.

　여기서는 촉석루, 향교, 의곡사, 진주성 봄, 의암, 망경산, 진주성 겨울, 남강 빨래, 옥봉, 뒤벼리, 섭천(망경동), 청곡사 등 12경을 꼽고 있다. 12경이라 하여 같은 잣대로 같은 대상을 고정해 보지 않고 있음을 알 수 있다. 앞 뒤 12경을 견주어 보면 네 개 정도가 일치한다. 촉석루, 의암, 진주성, 남강 빨래터가 형용이 조금씩 다르긴 해도 같은 경치로 꼽히고 있다. 12경 가운데 3분의 1에 속하는 4경이 일치하고 3분의 2에 속하는 8경이 서로 다르게 드러나는 것은 12경이 관(官)이나 신뢰받는 기록에 따라 정해진 것이 아님을 알게 해준다.

《진주의 뿌리》에 적혀 있는 진주 10경을 보면 아래와 같다.

1경: 아산명월(牙山明月)

    산에 밝은 달은 월아산이 분명하다.

2경: 풍천모범(楓川暮帆)

    풍천에 배를 띄워 저문 돛대 거동이다.

3경: 의암낙화(義岩落花)

    강속의 높은 바위 의기마저 이름 높다.

4경: 봉산귀운(鳳山歸雲)

    봉이 간 지 5백 년에 비봉산은 그냥 있네.

5경: 학령고송(鶴嶺孤松)

    선학은 어디가고 외로운 솔만 빼어나노.

6경: 천전수죽(川前修竹)

    청천에 모래가 많아 긴 대가 빽빽하구나.

7경: 적벽표아(赤壁漂娥)

    일대 장강 적벽 아래 빨래하는 소녀들아.

8경: 산사효종(山寺曉鍾)

    늙은 중아 자지마라. 쇠북소리 요란하다.

9경: 망경청람(望京靑嵐)

    망경대 높았는데 맑게 개어 아지랑이 솟네.

10경: 수정낙조(水晶落照)

    수정봉이 맑았는데 석양빛이 걸렸구나.

12경이나 10경은 모두 4자성어형으로 표현하고 있음을 볼 수 있다. 중국 북송대의 송적(宋迪, 1078)이 그린 '소상팔경(瀟湘八景)'에 뿌리를 둔 것으로 보인다.

우리나라의 경우 조선시대 세종조 안견(安堅)이 그린 '소상팔경도'가 가장 유명한데 '산시청람(山市靑嵐: 푸르스름하고 흐릿한 기운이 감도는 산간 마을)', '연사만종(煙寺晩鍾: 연무에 싸인 산사의 종소리가 드리는 듯한 저녁 풍경)', '소상야우(瀟湘夜雨: 소상강에 내리는 밤비)', '원포귀범(遠浦歸帆: 먼 포구로 돌아오는 배)', '평사낙안(平沙落雁: 모래밭에 내려 앉는 기러기)', '동정추월(洞庭秋月: 동정호에 비치는 가을 달)', '어촌낙조(漁村落照: 저녁노을 물든 어촌)', '강천모설(江天暮雪: 저녁때 산야에 내리는 눈)' 등을 주제로 삼은 그림이었다. '청람', '야우', '귀범', '추월', '낙조', '모설' 등의 표현은 앞의 12경과 10경에 그대로 반영되어 있음을 보게 된다. 풍광을 그리거나 노래하는 것도 사대지향에서 크게 벗어나지 않고 있음을 알 수 있다.

10경은 두 종류 12경에 견주어 보편성이 약해 보인다. '의암낙화'와 '적벽표아' 두 개의 경치만 12경과 일치할 뿐이고 진주의 간판 경관인 촉석루나 진주성이 빠졌기 때문이다.

어쨌거나 기존의 진주 10경이나 12경은 서로 일치하지 않을 뿐만 아니라 이미 없어진 풍광이 상당수 있기 때문에 현실에 맞는 8경이나 10경, 또는 12경을 새로이 제정할 필요가 있게 되었다.

그리하여 진주문화사랑모임(회장 리영달)에서는 1997년 5월 12일 추진위원회(위원장 이순갑)를 구성하고 제정에 착수했다. 진주 8경 제정의 배경을 당시의 문건은 밝혀 놓고 있는데 내용은 다음과 같다.

> 진주는 옛날부터 살기 좋고 아름다운 곳으로 이름난 고장이다. 그리하여 조상들이 진주의 아름답고 자랑스런 풍광 열두 곳을 선정하여 기리었다. 하지만 옛 모습이 그대로 남아 있는 곳이 거의 없으며

또한 그 이름이 현실과도 동떨어져 있을 뿐만 아니라 훼손되어 모습을 잃어가는 곳이 많은 형편이다. 이번에 새롭게 여덟 군데를 지정, 후손에게 길이 물려주자는 뜻에서 진주문화사랑모임이 주체가 되어 진주 8경을 제정하기에 이른 것이다.

10경 내지 12경을 8경으로 축소한 근거는 소박한 데 있음을 알 수 있다. 같은 문건의 〈진주8경의 제정을 마치고〉에

전국의 명승지나 이름 있는 풍광은 거의 8경으로 정해져 있으며 진주에서도 옛날부터 구전으로 전해져 내려온 사실도 있었고, 12경으로는 명승지가 너무 많아서 시민들이 쉽게 외울 수도 없다는 전제 때문이었다.

고 밝혀 놓은 것이 그러하다. 동양에서 '8'의 수는 《역경》에 나오는 '하늘은 칠의 수요, 땅은 팔의 수'(天七地八)라는 데 연원하는 것으로 볼 수 있다. '8'은 땅의 속성을 보여준다는 뜻에서 8경으로 정해 자연을 가까이해 온 것이 아닌가 한다. 거기다 앞에서 말한 대로 '소상팔경도'의 '팔경' 의식이 시와 그림에 젖어 들어와 온갖 지역의 팔경이 기려지게 되는 결과를 가져 온 것이다.

우리나라에서는 옛날부터 충족되는 수의 개념으로 8을 사용해 온 것이 확실하다. 팔도(八道: 여덟 개의 도), 팔자(八字: 사람이 겪는 일생의 운수), 팔선녀(八仙女: 여덟 선녀), 팔방미인(八方美人: 온갖 방면에서 일에 능통한 사람), 사방팔방(四方八方: 여기 저기 모든 방면), 사통팔달(四通八達: 길이 이리 저리 여러 곳으로 통함), 팔각정(八角亭:여덟 모서리가 있는 정자), 팔등신(八等身: 키가 머리 길이의 여덟 배가 됨, 또는 그런 몸매의 사람, 미인의 표준) 등 8을 쓴 낱말들이 많은 편인데 모두 수의 안정성이나 충족되는 상태를 드러내 보

인다.

진주문화사랑모임은 이러한 요즈음의 개념을 곧이곧대로 적용한 것이 아니라 관행과 편의라는 측면에서 8경을 제정한 것이라 보면 된다. 진주 8경 제정의 추진 과정을 단계별로 보면 아래와 같다.

1997. 5. 12　추진위원회 구성
1997. 7. 15　예산확정
1997. 8. 01　3개월간 후보지 추천 접수
1998. 3. 17　신 진주 8경 심의위원회 개최
1998. 6. 18　시민 공청회(경남지역사연구원)
1998. 7. 24　진주 시내 국문학과 교수 초빙 간담회
1998. 8. 01　설문조사
1998. 9. 12　진주문화사랑모임 전체회의 확정
1998. 12. 15　진주문화 통권 24호에 제정백서 냄
1999. 10. 08　진주 8경 제정 공포
　　　　　　제1경: 진주성 촉석루
　　　　　　제2경: 남강 의암
　　　　　　제3경: 뒤벼리
　　　　　　제4경: 새벼리
　　　　　　제5경: 망진산 봉수대
　　　　　　제6경: 비봉산의 봄
　　　　　　제7경: 월아산 해돋이
　　　　　　제8경: 진양호 노을

이렇게 결정된 새로운 진주 8경은 현실에 맞게 광범위한 시민들의 추천과 공청회, 심의과정을 거친 결과의 산물이다. 지나치게 시적 (詩的)이거나 사적(私的)인 수식을 피하고 경관의 대상을 그 자체로 접근하도록 했다는 점이 눈에 띈다. 다만 '비봉산의 봄', '월아산 해

돋이', '진양호 노을' 세 곳에 대해서는 경관의 특수성을 고려하여 최소한의 수식을 허용한 것으로 이해된다. 그리고 종래의 10경이나 12경에서 한 번도 거명되지 않았던 '새벼리'와 '진양호 노을'이 등장하게 됨을 본다. 이는 시대의 변화에 따른 교통의 관문이라는 측면, 다목적 댐 건설에 따른 관광 자원의 개발이라는 측면 등에서 살펴 볼 수 있는 대목이라 하겠다.

3 제1경 진주성 촉석루

진주성 촉석루

진주성(晉州城) 촉석루(矗石樓)는 진주의 상징이자 진주풍광의 1번지라 할 수 있다. 진주성과 촉석루는 동전 안팎처럼 맞물려 있어서 그 둘이 따로 떨어져 있다는 것은 상상할 수가 없다. 그러나 풍광을 전제로 하면 '진주성에 있는 촉석루'라는 뜻으로 진주성이 배경이 되고 촉석루가 전경이 되는 것으로 바라보게 된다.

진주성(일명 촉석성)은 사적 제118호로 진주시 성지동 일대에 면적 176,804제곱미터 둘레 1,700미터를 차지하고 있다. 《진주시사(晉州市史)》(진주시, 1995)는 백제가 진주에 거열성(居列城)을 쌓았다는 기록이나 신라가 여기에 강주(康州)를 설치하였다는 기록 등을 참고로 할 때, 삼국시대 말 또는 통일신라시대에는 성이 축조되어 있었을

가능성이 높다고 적고 있다. 고려 말에 들어서는 왜구들의 침노가 잦아 이에 대비코자 우왕 5년(1379)에 강주진장(康州鎭將) 배극렴 (裵克廉)이 진주목사 김중광(金仲光)에게 공문을 보내 그때까지 토성 이던 성을 돌로 쌓았고 조선 선조 24년(1591)에 성곽 전반을 중수하 였다.

임진왜란 때(1592)에는 김시민(金時敏)이 왜군을 대파한 진주성 대첩을 이룩한 곳으로서, 이 대첩은 임란 3대첩의 하나로 꼽힌다. 이 듬해 계사년에는 왜군과 최후까지 용맹히 겨루다가 민, 관, 군 7만이 장렬한 죽음을 맞이했던 성이기도 하다. 진주성이 지금 모습을 갖추 게 된 것은 1979년부터 1984년에 걸친 진주성 복원 정비사업에 따른 결과인데, 이때 성 안에 있던 민가 750여 채가 철거되고 성 서쪽에

국립진주박물관(임진왜란 박물관)이 건립되었으며 동쪽에는 임란 때 진주성 전투에서 순국한 선열들의 넋을 기리는 임진대첩 계사순의단이 건립되었다(이상《진주시사》참조).

진주성 안에는 각종 누대(樓臺)와 문(門), 사(祠), 각(閣), 비(碑) 등이 즐비해 있는데 그것들의 문화재적 가치도 가치거니와 관련되는 시와 문장들은 당대 최고의 문장가들이 지은 명작들임을 눈여겨 보아야 할 것이다. 그러니까 문장을 염두에 두고 진주성을 보면 진주성은 하나의 거룩한 문집이라 할 수 있다. 서정문에서부터 제문에 이르는 각종 양식의 문장들은 나라의 안위와 백성들의 혼으로 연결되는 것이어서 거룩한 문집이라 아니할 수 없다. 진주성에 담긴 글들은 진주문화원이《진주성 문기(文記)》(1992)라는 이름으로 번역 출간해 놓은 바 있다.

그 가운데 하륜(河崙, 1347~1416)이 지은《촉석성문기(矗石城門記)》를 옮기면 다음과 같다.

옛날부터 다스려짐과 어지러움(理亂)이 되풀이되는 것은, 대개 그 하늘 운세(天數)의 성함과 쇠퇴함(盛衰)의 이치와 사람 사는 일의 성공과 실패(得失)가 서로 인연이 되어 그러한 것이다. 옛사람은 인간으로서의 할 일(人事)을 닦음으로써 하늘의 운수(天數)에 응하였기 때문에, 도둑떼가 저지른 난리(寇亂)가 혹시 일어나더라도 끝내는 능히 우려함(患)이 되지 않게 하였다. 나는 우리 고향의 성(城)에서 그런 느낌을 가졌던 것이다.

내가 총각이던 시절에 여기서 유학(遊學)하며 늘상, (적의 공격에 대비키 위해 판) 성 둘레 구덩이의 남겨진 빈터(城塹之遺基)를 보았으되, 그 오래됨(歲月, 곧 年代)을 알지 못했고 나이 많은 어른에게 여쭈어 봐도 또한 능히 알 수가 없었다.

이 무렵엔 백성들의 살림집들이 오순도순 즐겁게 모였고, 밥짓는 연기가 서로 어우러졌었다〔烟火相望〕. 바다로 침입해 온 도적떼〔海寇〕의 좀도둑질〔鼠竊〕이 비록 어쩌다 가끔 일어났으나 강주(康州: 진주의 옛 이름)와 길안(吉岸)의 토벌(討伐)로써도 또한 적을 꺾어 쳐부수기에 넉넉하였다. 합포(合浦: 마산의 옛이름)의 진(鎭: 군사적 요지)에서 병사(兵士)를 나누어 서로 구원하면 우레처럼 엄하게 바람같이 몰아낼 수가 있었던 것이다.

그러나 사람들이 성참(城塹: 성 둘레의 방어용 구덩이를 판 것)을 수리하는 일을 급한 임무로 알지 않았다. 내가 이미 갓을 쓰고 벼슬에 종사한 지 십여 년인데 바다 건너 도적떼들이 뭍으로 올라오는 일이 해마다 더욱 늘어만 갔다.

정사년(1377) 가을에 조정(朝廷)의 의논이 국경지대의 방비〔邊備〕를 소중히 여겨 여러 도(道)에 사신을 보내 주(州)와 현(縣)의 성(城)을 다스리게 하였다. 고을 사람들이 곧 옛터에 흙으로 쌓았으나 오래 견디지 못하고 다시 흙담이 무너지니 임무를 맡았던 자〔奉仕者〕가 어찌 그 책임을 면할 수 있었겠는가?

기미년(1379) 가을에 지금 지밀직〔知密直: 고려 때 각 도의 도통사(都統使)에 딸린 한 벼슬아치〕이었던 배공(裵公)이 강주(康州: 진주의 옛 이름)의 진장(鎭將: 군사요지의 장군)으로 와서, 이곳 강주목의 관리〔牧官〕에게 위로부터의 지시사항을 알려 다시 이를 쌓게 하였다〔修之〕. 참좌(參佐: 벼슬아치)를 보내 공사일〔工役〕을 감독케 하며 흙을 바꾸어 돌로써 쌓게 했는데 일〔功〕이 채 반도 못 되어서 왜구(倭寇)에게 함락(陷落)되었으나 강성군(江城郡: 지금의 산청군 단성)의 산성(山城)에 의지하여 고을 사람이 거기서 거처(據處)한 바 있었고 도적떼의 칼날을 물리칠 수도 있었다. 그러나 성(城)이 비좁고 지세가 높아서 많은 사람을 들여넣을 수 없고, 또 주(州)의 마을(里)에서 거리가 멀므로 미처 어떻게 할 사이도 없이 몹시 급작스러울 때〔倉卒勢〕는 거기까지 능히 가 닿을 수가 없었다.

왜구가 물러간 뒤에 목사(牧使) 김공(金公)께서 백성의 사정과 형편〔民情〕에 따라 영(令)을 내려 "고을의 성〔州城〕을 이제 쌓고 수리하여 마칠 수 있도록 하라"이르니, 듣는 자가 모두 그 일을 하기를 원하였다. 이에 장정(壯丁)들에게 부역(賦役: 일을 맡김)을 고르게 하고 몸소 감독하여 며칠이 안 되어 끝나게 되었는데, 성의 둘레가 팔백 걸음〔八百步〕, 높이는 스물넉 자가 넘었다.

기이(奇異)하게 문(門)을 세 개 설치하니 서쪽은 의정문(義正門)이라 부르고, 북쪽은 지제문(智濟門), 남쪽은 예화문(禮化門)이라 했는데 모두 그 위에 다락〔樓〕을 만들었다.

올라가서 사방을 돌아보고 청천(菁川: 남강의 옛 이름)이 서쪽을 빙 둘렀고 긴 강이 남쪽에 흐르며 품자(品字) 모양으로 생긴 못이 동쪽에 벌려 있고 세 군데 못〔三池〕은 그 북쪽에서 물이 돌아 흘러 모인다. 또 구덩이〔塹〕를 성지(城池) 사이에 파서, 서쪽으로부터 동쪽으로 꺾어 또 남쪽으로 가서 강(江)에 이르게 하였다. 형세가 뛰어남〔勝〕이 진실로 성 위의 한 사람이 성 밖의 백 사람을 가히 당해낼 만하였다. 성이 완성되니 왜구가 감히 가까이 오지도 못하여 모든 환경〔一境〕이 믿음직하고 편안하였다.

아! 만드는〔作之〕 어려움이 다시 일으켜 세우는〔興復〕 어려움만 못하고, 시작이 있는 어려움이 더더욱 끝맺음이 있게 하는 어려움만 같지 못한 것인데, 일한 것은 반(半)이면서 공로의 업적은 곱절이 되는 것을 내가 김공(金公)한테서 보았도다.

공(公)의 휘(諱: 돌아가신 어른의 이름을 높여 부르는 말)는 중광(仲光)이니 고을과 백성을 위한 사무〔政務〕에 힘써서 대체로 덕이 뛰어난 웃어른다운 바탕〔長者風〕이 있었다. 일찍이 제주목사(濟州牧使)가 되었을 때, 곧잘 두 마음을 품고 옳은 것을 따르지 않던〔反側〕 그 지방 습속〔習俗〕이 그의 의로움〔義〕에 감복(感服: 감동하여 복종함)하였다, 조정에 돌아와서는 다스림에 능하다 하여 재상(宰相)들이 바삐〔劇〕 천거(薦擧: 인재를 추천함)하여 여기에 임명(任命)되었던 것이다.

판관(判官)이었던 이군(李君) 사충(仕忠)도 역시 단정(端正)한 사람으로서 김공(金公)을 도와 이 성(城)을 완성시켰다.

진주성 남쪽 절벽 위에 세워진 촉석루(矗石樓)는 본래 진주성의 남쪽 지휘소인 남장대(南將臺)며, 경상남도 문화재 재료 제8호로 지

지근거리에서 본 촉석루

정되었다. 전쟁 때는 진주성의 지휘 본부로 사용되고 평상시엔 누각으로 향시와 고시장으로 활용된 촉석루는 고려 고종 28년(1241) 목사 김지대(金之岱)가 처음 세웠고 충숙왕 9년(1322) 목사 안진(安震)이 재건했다.《진주시사》에 따르면 우왕 5년(1379)에 왜구들이 쳐들어와 불태운 것을 조선 태종 13년(1413) 목사 권충(權衷)이 세 번째로 세웠고 성종 22년(1491) 목사 경임(慶祍)이 네 번째, 선조 16년(1583) 목사 신점(申點)이 다섯 번째로 각각 세운 것으로 되어 있다. 다섯 번째 세워진 촉석루가 임진왜란 대첩과 계사년 전투의 지휘본부 노릇을 했던 셈이다. 이후 광해군 10년(1618, 병사 남이흥), 영조 1년(1725, 이태망)에 각각 다시 세워졌는데 6·25를 겪으면서 불탄 것을 1960년 진주고적보존회가 여덟 번째로 세웠다. 본래는 국보 제276호로 관리되었고 현재 건물은 정면 다섯 칸 측면 네 칸의 다락집으로 팔작(八作)지붕 목조와가(木造瓦家)이다.

창렬사

언덕

서장대

박물관

북장대

내

포정사

성

언덕

김시민 동상

공북문

외

성

언덕

촉
석
루

순의단

촉석문

이 촉석루에는 명필들의 현판글씨가 있어 그 위용이 예사롭지 않음을 보여준다. 촉석루 현판 북쪽 것은 영조 때 명필 조윤형(曺允亨, 1725∼1799)의 글씨이며 남쪽 것은 이승만(李承晩) 초대 대통령이 쓴 것이었으나 4·19 이후 그 판을 깎아 정현복(鄭鉉輻)의 글씨로 바꾸었다. '南將臺'는 정명수(鄭命壽)의 글씨이고, '嶺南第一形勝'은 오제봉(吳濟峰)의 글씨인데 정현복, 정명수, 오제봉 등은 모두 현대의 명필들이다. 또 걸려있는 편액(널판에 글을 써 넣어 만든 액자)이나 주련시(柱聯詩: 기둥이나 바람벽에다 장식으로 써 붙이는 한시의 연귀)는 당대 최고의 문장가들이 지은 기문(記文) 또는 시문들이다.

진주성은 내성과 외성으로 되어 있었으나 지금은 외성이 허물어져 흔적도 없다. 내성의 경우 창렬사를 꼭짓점으로 하여 세 개의 언덕에 따른 세 개의 구역으로 나뉘어져 있음을 본다. 제1구역이 박물관 구역이고 제2구역은 김시민 동상 구역이고 제3구역은 순의단 구역이다. 위 그림을 보면 진주성은 한 채의 집에 관한 평면도 같다.

임진왜란 박물관은 지붕이고 그 아래 구역은 안방이고 제2구역은 마루이다. 제3구역은 특설 제단이고 외성 구역은 마당으로 보인다. 촉석루는 내성과 외성의 정중앙에 위치해 있으면서 진주성의 창구 노릇을 하는 것으로 볼 수 있다. 창구이자 대변하는 입이다.

어쨌거나 성의 얼개를 보면 진주성은 민족혼을 일깨우는 거대한 제단이요 교당인 셈이다. 집의 하부가 임란 때 옥쇄한 7만 군관민을 위한 제단(순의단)이라는 점이 이를 뒷받침해 준다.

이제 몇 개 지점에서 바라본 촉석루의 풍광을 설명해 보기로 한다.

첫째, 진주성도(晉州城圖, 1700년대)로 보면 진주성은 사람 발처럼 생겼고 북장대는 발뒤꿈치, 촉석루는 발목 앞에 난 점 같이 보인다. 그러므로 진주성은 민족의 발로서 민족이 가야 할 길의 발걸음이라는 의미가 된다. 촉석루는 그 발걸음에 놓이는 특이한 문양이다.

둘째, 내성의 포정사에서 바라본 촉석루는 내성의 동쪽 벼랑가에 남향 허공으로 추녀 끝을 밀어내고 있는 것이 아리따운 여인의 자태로 보인다.

셋째, 촉석루에서 건너다보면 시야가 일망무제(一望無際)[1]로 확 트인다. 강물이 푸르게 흐르고 건너엔 둔치와 대밭, 그 너머 시가지가 막힘없이 들어온다. 망진산이 물줄기를 촉석루 쪽으로 휘어 돌리고 뒤벼리까지 다다른 강물은 뒤벼리에 가로막히자 다시 휘어 나간다. 오른쪽 멀리엔 망진산, 왼쪽 멀리엔 뒤벼리가 아늑한 반대 궁형의 끝자락이 되어 공간을 다잡아 준다. 그러므로 촉석루는 진주성의 전망

---

1) 한눈에 바라다볼 수 없도록 아득하게 멀고 넓어서 끝이 없음

포정사에서 내려다본 촉석루

대이다. 전쟁 때는 전략적 요새로써 망루가 되고 평화로울 때는 관광, 풍류를 즐길 수 있는 전망대가 된다.

넷째, 강 건너편 망경동 쪽에서 촉석루를 바라보면 진주성은 거대한 함선(艦船)처럼 보이고 촉석루는 함선의 정중앙 허리에 있는 특수한 구조물 같이 보인다. 촉석루만을 초점으로 놓고 보면 촉석루는 5층 모양의 아름다운 건축물이다. 수면에서 시작되는 이 건축물은 돌벼랑층 → 수목층 → 성벽층 → 누각 1층 → 누각 2층 합하여 5층이 된다. 자연과 인공이 이루는 5층탑이기도 하다. 팔작지붕을 보면 추녀 끝이 날아갈 듯 날렵해 보이고 기둥은 서서 이루는 안정감을 표현해 주고 있다. 날렵함과 안정감의 조화가 빚어내는 누각 미학의 절정이다.

그러나 진주의 중심을 뚫고 흐르는 남강이 없이 어찌 촉석루가 있고 진주성이 있겠는가? 진주 비단처럼 흐르는 물이 벼랑과 기슭을 더욱 가파르게 만들고, 그 가파른 허공이 전통과 문화의 표정으로 서 있는 높다란 다락의 숨소리를 거듭 거듭 살아나게 하는 것을….

4 제2경 남강 의암

성벽을 받치는 바위와 의암

'**남**강 의암'은 '남강에 있는 의암'이라는 뜻으로 읽어야 할 것이다. 말하자면 의암에 대한 경치로 보아야 한다는 말이다. 그러나 남강이 없는 의암이 있을 수 없고, 또 역사로 볼 때 의암 없는 남강은 생각할 수가 없다. 이는 앞에서 본 대로 진주성과 촉석루의 관계와 같다 하겠다.

남강은 전북 남원군 아채면 의지리에서 발원한 엄천강과 함양군 서상면 상남리 덕유산에서 발원한 남계천이 생초에서 합해져 경호강을 이루고, 이어 덕산 수곡을 거쳐 내려온 덕천강과 진양호에서 만난다. 진양호에 이른 물은 진주의 중심부를 서에서 동으로 흘러 나간다.

진주는 남강 유역에 세워진 고도(古都)이다. 아득한 옛날부터 사람들은 강을 중심으로 마을을 이루고 문화를 꽃피워 왔다. 발굴 조사에 따르면 진주 일대는 수만 년 전 구석기시대로부터 신석기시대, 청동기시대, 철기시대, 삼한시대에 이르기까지 사람이 살아온 곳으로 확인된다(진주문화원,《진주의 역사와 문화》, 2001).

강은 농사와 문화의 젖줄로서 역사를 만드는 동력의 기능을 하는 것으로 볼 때 진주 남강은 우리나라의 대동강, 한강과 더불어 대표적인 문화 이루기의 자장(磁場)에 속한다고 할 수 있다. 더구나 남강은 진주의 역사와 강물이 주는 원형적인 의미가 하나로 만나는 장소라는 의미에서 다른 두 강과 구별된다.

진주는 1592년 임진왜란 때 3대 승첩을 이룬 곳이지만 이듬해 1593년 계사년에는 7만 군·관·민이 장렬히 산화했고 이어 진주의 관기 논개가 의암에서 적장을 유인해 껴안고 함께 남강에 떨어져 죽는 불멸의 충혼을 드러내 보인 곳이다. 논개는 떨어져 죽고도, 승리한 죽음으로써 겨레의 가슴에서 부활하는 영원한 여인의 모습을 보여 주었다. 그러므로 남강은 물 자체가 갖는 상징인 죽음과 소생, 정화와 속죄, 부활이라는 의미를 그대로 충족시켜 주는 강으로서 거듭나고 있다 할 것이다. 남강을 두고 충혼이 뜨는 강―겨레의 얼이 솟아나는 강이라 하는 것은 순전히 논개가 나라를 위해 제 목숨을 고향 가듯이 바치고 난 결과라 할 것이다.

의암(義岩)은 촉석루 벼랑 아래 바위가 아래로 흘러내리는 길 자락에 약간 떨어져 물 위로 솟아 있는 바위이다. 이 의암은 경상남도 기념물 제235호로 지정된 것으로, 조선 선조 26년(1593) 6월 29일(음)

임란 진주성 2차 전투에서 진주성이 함락되고 성민이 다 순절하자 논개가 왜장을 끌어안고 여기에서 남강에 뛰어들어 순국했는데, 이 의열을 기리는 진주의 선비와 백성들은 그날 이후 이 바위를 의암이라 한 것이다(진주시,《진주의 뿌리》, 2003).

진주 사람들은 입으로 의암이라 부르고 논개의 꽃다운 혼을 기리는 것으로는 성에 차지 않아 바위 서쪽 면에다 전서[2]로 '義岩'을 새겨 넣었다.

글씨를 쓴 이는 정대륭으로 1630년 무렵에 쓴 것으로 보인다. 임란 때 의병장 정문부(1565~1624)의 둘째 아들인데 아버지의 유언에 따라 그의 형과 함께 진주에 들어온 때가 1625년(인조 3)이므로 자리 잡을 시간을 헤아려 보면 1630년 무렵으로 추정할 수 있다(《진양속지》, 1932; 김수업,《논개》, 2001).

의암 남쪽 면에도 해서체로 '義岩'이 새겨져 있는데 이것은 한몽삼(1598~1662)이 쓴 글씨를 새겨 넣은 것으로 정대륭의 글씨보다 좀 뒤에 씌어진 것으로 추정된다.

의암에다 글자를 새겨 넣는 진주 사람들의 호의(好義)[3] 정신이 들끓는 한편으로 글자 새기기보다 한 십 년 앞선 1621년에는 논개에 대한 첫 기록인 유몽인의 《어우야담(於于野談)》이 나왔다.

논개는 진주의 관기였다. 만력 계사년에 김천일이 거느린 의병이 진주성에 들어가 왜적에 맞서 싸웠다. 마침내 성이 짓밟히자 군사는 패하고 백성은 모두 죽었다. 논개는 얼굴과 매무새를 아리땁게 꾸미

---

2) 글씨체의 하나
3) 의로움을 좋아하는

고 촉석루 아래 우뚝한 바위 위에 서 있었으니, 바위 밑은 바로 깊은 강물 가운데로 떨어지는 곳이었다. 여러 왜병들이 바라보고 좋아했지만 모두들 감히 가까이 오지는 못했는데, 한 장수가 홀로 나서서 다가왔다. 논개가 웃으면서 맞이하니 왜장도 그를 끼면서 끌어당겼다. 이때 논개는 드디어 왜장을 끌어안고 물속으로 몸을 던져 함께 죽었다.

유몽인은 진주성이 함락된 그해 겨울에 세자 광해군을 따라 삼남을 돌아보는 기회에 세자가 전주에 머무는 동안 삼도순안어사로 진주를 방문하고 논개의 사연을 세세히 알아내어 보고했던 것으로 보인다. 그리고 이어 자신의 《어우야담》에 그 내용을 기록해 둔 것이다 (김수업, 《논개》, 2001). 이 기록이 논개에 대한 첫 번째 기록일 뿐만 아니라 움직일 수 없는 정전으로서의 의미를 지닌다고 할 수 있다.

'의암'을 기록으로 보인 예들이 이후 나타나는데 1651년 오두인의 〈의암기〉를 시작으로 1722년 정식(1683~1746, 정대륭의 손주뻘)의

〈의암사적비〉가 그 뒤를 따른다. 정식은 이 글에서 《어유야담》 내용을 그대로 옮겨 놓고 뒷노래만 지어 붙였다. 뒷노래는 다음과 같다.

바위 홀로 가파르고 그 여인 우뚝이 섰네
여인이 이 바위 아니면 죽을 자리 어디서 얻으며
바위가 이 여인 아니면 의롭다 소리 어찌 들으리
가람 하나 높다란 바위, 만고에 꽃다운 이름이어.

이 노래 적고 난 뒤 사람들은 "강이 이 바위 아니면 어찌 겨레 얼로 흐른다 하리"라는 마음에 쓰는 시를 읊조린다. 어쨌거나 1722년 경상우도 병마절도사 최진한의 장계로 나라가 논개의 절의를 인정하는 교지(경종)를 내려 보내고, 1740년(영조16) 경상우병사 남덕하의 계청으로 나라에서 의기(義妓) 사당을 짓고 제사를 지내라는 허락을 내린 다음부터 진주 사람들은 절의를 받아들인 나라에 대해 더 이상의 초조한 기다림으로 살지 않아도 되었다. 의기사를 두고 마음을 가다듬고, 의암을 두고 의열을 더듬으며, 강을 두고 충혼에 젖을 수 있었다.

의암은 바닥 넓이가 가로, 세로 각각 3미터가 넘는다(3.5m × 3.3m). 흘러내린 바윗길에서 20에서 30센티미터 떨어져 있다. 배를 타고 아래쪽에서 보면 '촉석루─성곽─흘러내리는 바윗길─의암'으로 하나의 설치 미학에 따라 연결되어 있다는 느낌을 가질 수 있다. 고풍과 역사와 자연이 하나의 정신을 빚어내는, 느낌표 같은 의암!

위쪽으로 올라 와 의암과 그 너머 물결과 진주교를 바라다보면 비로소 하늘이 물과 짝하여 가까이 있음을 알게 된다. 하늘과 물 사이에 다리가 끼어 있으면서 다리가 둘 사이를 교통하는 접점이 되고 있음을 알게 된다. 교통의 기호는 다리 밑에 붙여 놓은 쌍가락지들이다. 논개가 왜장을 껴안고 죽어갈 적에 손가락 마디마디 끼었던 쌍가락지들을 상상하여 진주교 확장 공사 때 상징적으로 설치해 놓았는데, 다리는 이것으로 충혼과 의열의 의미를 하늘에다 교신하고 있다는 느낌을 사람들에게 준다. 말하자면 남강과 하늘, 진주와 하늘은 거룩한 뜻으로 하나임을 보여주는 주변 경관이라 할 수 있다.

강 건너 강남동·망경동에서 건너다보면 촉석루 아래 성에서 나오는 통로는 가파른 계단으로 이어지고 이어 바윗길이 동으로 비스듬히 흘러내려 의암에 이르는 것으로 보인다. 촉석루는 의암으로 내려가는 통로를 내어주기 위해 서 있는 듯하고, 진주성은 이 통로를 통해 의암과 교감을 이루는 것으로 보이기도 한다. 이렇게도 생각이든다. 강물이 흐르는 물로 정신을 닦고 역사를 쓰면 진주성은 그것을 끊임없이 길어 올리고 있다는 그런 생각 말이다. 강물은 참으로

푸르게 의암을 빗겨 도도히 흐른다. 머물러 있는 것은 의암이고 진주성이지만 강은 흐름으로써 언제나 새로운 역사이고 미래가 된다. 이를 보고 있으면 정지해 있는 것과 흐르는 것의 조화가 이채로움을

의암 위에 있는 '의기논개지문(義妓論介之門)'

정지와 흐름의 조화로 역사를 증언하고 있는 의암과 남강

알게 된다. 정지해 있는 것만 보인다면 정신은 어떻게 되고 역사는
또 어찌 움직임으로 작용해 올 것인가.

　남강을 바라보면 역사는 언제나 현재이고 임란은 언제나 현재의
시간 안에 겹고 트는 것으로 재현된다.

　그런 의미에서 설창수(薛昌洙, 1916~1998) 시인은 〈의랑 논개의
비〉(촉석루 구내에 세워져 있는 한글비) 말미를 다음과 같이 적고
있다.

　　피란 매양 물보다 진한 것이 아니어 무고히 흘려진 그 옛날 민족
　의 피는 어즈버 진양성 터에 물거품이 되고 말아도 불로한 처녀 논
　개의 푸른 머리카락을 빗겨 남가람이 천추로 푸르러 굽이치며 흐름
　을 보라.

애오라지 민족의 처녀에게 드리고픈 민족의 사랑만은 강물 따라 흐르는 것이 아니기에, 아 아 어느 날 조국의 다사로운 금잔디 밭으로 물옷 벗어들고 거닐어 오실 당신을 위하여 여기에 비 하나 세운다.

5 제3경 뒤벼리

뒤벼리는 벼랑을 이루는 새벼리, 망진산 벼랑과 더불어 진주의 벼랑 3경의 하나다. 남강물이 서장대 발치에서부터 동쪽 방향, 진주성 아래를 직선으로 빗겨 흐르다가 장대동에서부터 선학산 서쪽의 깎아지른 벼랑을 만나 남향으로 머리를 바꾸어 흐르는데, 이때 이 벼랑과 강물이 이루어 내는 경치가 절경이다. 바로 제3경 뒤벼리인 것이다.

'뒤벼리'는 뒤쪽에 있는 벼랑이라는 뜻으로 보이는데 '뒤'의 어원이 불확실하다. '도동'이 원래 돝골(猪洞)에서 왔다고 보면 '뒤'는 '돝'의 변형(-대, -뒤)이라고 할 수 있을 것이다. 그렇다면 '뒤벼리'는 '도동의 벼랑'이 될 것이다. 그리고 그냥 '뒤(後)'라고 보면 진주성 쪽에서 뒤벼리는 뒤쪽이 될 수가 없다. 전국에 지명으로 존재하는 '뒤벼리'는 통계상 '서쪽을 바라보는 벼랑'이라는 뜻을 갖는다는 주장이 있지만 이 해석도 무리라고 본다. 그냥 선학산을 중심으로 볼 때 산의 뒤쪽 벼랑이라는 뜻으로 이해하는 것이 옳을 성싶다.

뒤벼리를 건너편 경남예술회관 앞 둔치에서 정면으로 바라보면 학이 날개를 펼치고 있는 듯한, 날아가기 직전의 형상이다. 벼랑은 세로로 깎아 세운 듯한 수십 척 암벽이 병풍처럼 펼쳐져 있어 신록이면 신록에 어우러지고, 단풍이면 단풍에 어우러지는 여덟 폭이나 열

문화예술회관 옥상에서 건너다본 뒤벼리

두 폭의 동양화 명작을 이룬다. 거기다 밑으로 흐르는 강물은 그 병풍을 고스란히 받아 하늘이 내리는 설치미술인 양 띄우는 듯 세우고 세우는 듯 띄운다.

장대동 쪽에서 본 뒤벼리

　지금 뒤벼리 아래 2킬로미터 정도의 도로는 4차선으로 구 시내와 도동 신시가지를 이어주는 연결도로망의 하나로, 차량의 행렬이 끊이지 않는 교통의 요충이 되고 있다. 애초에 뒤벼리 아랫길은 시가지에서 돗골과 큰들(상평, 하대, 초전)로 빠져나가는 농로였고 그것이 발전되어 진주의 작은 관문이 되기도 했다. 진주의 관문은 유곡동 관문(산청, 김천), 못재 관문(합천, 대구), 너우니 관문(하동), 말티재 관문(의령), 새벼리 관문(부산, 사천) 등 여섯 개였는데 고속도로가 난 이후 관문의 기능이 많이 약화되었다.

　조선시대 진주도(晉州道)의 속역 약도(屬驛略圖 《진주시사》 하권, 456쪽)를 보면, 북방 42리에 안간(安澗)이 있고 동남방 24리에 소촌

뒤벼리에서 내려다본 진주성(위)
뒤벼리 벼랑의 바위 모습(아래)

(꼼村, 문산)이 있고 남방으로 관율, 사천, 문화(말문)가 있고 남서로 31리에 평사(平沙)가 있으며 서방 10리에 평거, 20리에 소남(꼼南, 산청군)이 있다. 뒤벼리 쪽의 속역은 나타나지 않는다. 그러니까 뒤벼리가 진주의 도로망에 들어가는 것은 1980년대 이후라 할 수 있다. 그 사이 농로에서 협소한 도로, 이어서 작은 관문을 거쳐 시가지와 시가지를 잇는 교통의 요충으로 발전해 왔다.

뒤벼리는 벼랑 아래에서 올려다보면 3월엔 진달래, 복숭아꽃이 수줍어하며 고개 내밀고 핀다. 5월엔 장미와 아카시아 꽃이 벼랑이 주는 긴장감을 아름다움으로 돌려주며 활짝 피어 때로는 나그네의 발길에 산화공덕(散花功德)[4]의 의례를 맛보게 한다. 선학산으로 오르는 뒷길로 올라 뒤벼리 능선의 잘룩진 부분에 서면 봄에는 매화가 흐드러지게 피어 길손의 등을 돌려 세운다. 벼랑 쪽으로 다시 돌아서서 시가지를 굽어보면 유유히 흐르는 남강이 낙화를 기다리는 듯 유속을 최대한 낮추며 흐른다. 이제는 '배 건너'(칠암동, 망경동, 주약동)도 어디 못지않는 도시의 형색을 갖추고 우람한 빌딩들과 신형 건축물로 즐비해 있음이 한눈에 들어온다. 경상대학교병원과 진주산업대학교, 경남문화예술회관 등이 자리를 크게 잡고 있고, 벼랑 오른쪽 아래 편에는 동방호텔이 서서 길손들에게 연신 미소를 보내고 있다. 진주성의 기인 허리와 강물이 한눈에 잡히는데, 그냥 경치로 들어오는 것이 아니라 역사라는 액자에 담겨 있다는 느낌이 든다. 경치가 역사와 톱날로 맞물려 있는 데에 눈이 이르면, 길손은 이제

---

4) 떠나가는 이의 공덕을 기려 그 길에 꽃을 뿌리는 의식

경치를 떼어놓고 보아도 눈시울이 젖어들게 된다.

뒤벼리에는 으스스한 데도 있다. 옛날에는 지나가는 길손들이 크게 기침을 하며 지나가기도 했었다. 장대동 쪽에서 이어지는 빨래터가 끝나는 어우름에 처녀골이 있는데 이를 두고 하는 말이다. 전설도 그럴싸하게 소름을 동반하면서 전해져 온다.

옛적에 진주 원님의 딸이 함안 조씨 양반집으로 시집을 가게 되었다. 사성이 오고 대례일이 정해지고 납폐가 보내지는 절차를 마쳤는데 처녀가 갑자기 병이 들어 죽었다. 신랑 집과 신부 집에서는 이미 정혼한 여인으로 간주하여 처녀골에 묘를 쓰고 묘막에 위패를 모셨다. 조씨 집 신랑은 혼약한 신부를 아주 잊어버린 채 과거에 장원하여 진주로 돌아왔다. 말을 타고 뒤벼리 처녀골 앞을 지나가는데 묘막의 위패가 뛰다가 도령의 옷소매 속으로 날아 들어왔다. 조 도령은 신비로운 영혼의 행적을 통해 깊은 인연을 깨닫고 문중 어른과 상의하여 제각을 짓고 영혼을 달래었다. 그 뒤 조 도령은 호조참판에까지 이르렀을 뿐만 아니라 문중의 경사가 겹쳐서 일어났다(진주시, 《내 고장의 전통》, 368쪽).

이 전설은 조씨 문중을 통해 널리 전해져 오고 있는데, 조 도령은 조의도(趙毅道, 1548년생, 호조참판)였고 그의 증조는 생육신 조여(趙旅)의 손자 조순(趙舜, 이조참판, 호 玉峯)이었다. 지금 처녀골에는 전설의 주인공 이씨의 무덤에 '증정부인 전의

처녀골에 있는 함안 조씨 문중의 경덕사

이씨지묘(贈貞夫人 全義李氏之墓)' 라는 묘표가 있고 그 아래에는 이씨의 시증조 조순(趙舜)을 모시는 경덕사(景德祠)가 서 있다. 누구든 이 처녀골 경덕사에 이르면 이곳이 호형(弧形)으로 물을 바라보는 명당이라는 것을 느끼게 된다. 그리고 인륜과 법도가 벼랑처럼 엄하다는 것을 일깨워주고 있음을 깨닫게 된다.

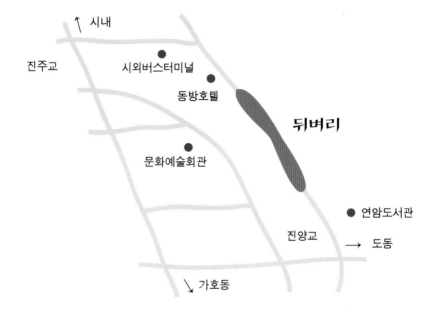

6 제4경 새벼리

새벼리는 진주시 주약동에서 가좌동으로 넘어가는 고갯길을 내고 있는 산벼랑이다. 벼랑 아래로는 뒤벼리에서 남으로 꺾여 직선으로 줄곧 흘러오던 남강이 이 산벼랑을 만나 남동쪽으로 꺾여 나간다. 고갯마루에는 총면적 6,930평 넓이의 석류공원이 자리 잡고 있어서 진주를 찾아드는 관광객들의 시원한 전망대가 되기도 하고 휴식 공간이 되기도 한다.

　새벼리 도로는 진주를 드나드는 제일 중요한 관문이다. 1905년 말 진주 삼천포 간 도로가 개통되고 이듬해 1906년 말에는 진주 마산 간 도로가 개통됨으로써 진주 부산 간의 도로가 뚫리게 된 것이다. 그리고 1916년 진주 김천 간 도로가 개설되면서 진주의 자동차 교통 망에서 양대 관문이 새벼리와 유곡동 입구가 되었다. 특별히 일제는 이후 대륙 침략의 군수기지를 거창에다 두려고 삼천포 항을 개발하 고 삼천포→진주→산청→함양→거창 노선을 군수 물자 운반 노선으 로 정했기 때문에 새벼리 도로의 중요도는 더욱 높아졌다. 진주에 철도가 개설되기로는 1924년의 일인데, 이때부터 도로 교통의 의존

도로 아래에서 올려다본 새벼리

위에서 내려다본 새벼리 도로

도가 다소 낮아진 것이 사실일 테지만 경남의 수부이면서 역사 제1
도시에 집중되는 현상은 변함이 없었다고 보는 것이 옳을 것이다.
그리고 1969년에 사천 서울 간 항공로가 개설되고 1973년에 남해안
고속도로가 개통됨으로써 교통수단의 다양화가 이루어졌지만(이상
《진주시사》 하권, 455~505쪽 참조), 진주 시민들의 의식 속에는 여
전히 떠나가고 돌아옴의 제일 관문은 새벼리 또는 새벼리 도로가 자
리 잡고 있음을 부인할 수 없을 것이다.

　강 건너 상평동 둑길에서 새벼리를 건너다보면 새(동)벼리(벼랑)
는 이름 그대로 진주의 동북쪽을 향해 있는 것을 알 수 있다. 망진산
에서 뻗어 나온 능선이 일곱 개의 나지막한 산봉우리를 만들고 있는
데 그 산봉우리 아래 오른편에서 왼편으로 비스듬히 고개로 오르는
완만한 도로가 보인다. 벼랑에는 아카시아, 소나무, 상수리나무와 잡
목들이 얽혀 있고 그 사이사이 목련나무, 매화나무, 진달래 등이 제
철에 맞춰 꽃봉오리를 무더기로 밀어내고 있는 것이 보인다. 그리고
강물이 유유히 제 색깔을 지니고 벼랑의 아랫자락을 빗질하며 흐르
는 것을 볼 수 있는데 여기 이르러 강은 선사시대 이래 쉼 없이 흘
러왔고 벼랑으로 오른다거나 경치를 위해 매무새를 고친다거나 하

석류공원 언덕에 세워져 있는 팔각정

는 변덕이 없이 한쪽을 바라보고 한쪽으로만 흐르는, 태도와 지향이 하나임을 만년 교훈으로 말해 주고 있다는 것을 느끼게 해준다.

도로는 동편에서 첫 번째 남부산림연구소가 있는 봉우리와 석류공원이 있는 봉우리 사이로 고개를 이루고 넘어가는데 공원 언저리에 이르러서는 높이 솟은 2층 망원정(望園亭)을 쳐다보며 돌아 나가게 된다. 석류공원에 솟아 있는 망원정(팔각정)은 1978년 제일교포 김삼조(金三祚) 씨가 고향 진주시에 기증한 것인데 그의 호를 따 '망원정'으로 부르게 되었다.

망원정에서 시내를 내려다보면 북쪽에 비봉산, 동편으로 그 능선이 이어지면서 말티재와 뒤벼리, 선학산을 아우르고 있는 것이 보인다. 그리고 정동쪽 방향으로 멀리 월아산 두 봉우리가 서 있는 것이 보이고 호탄동 넘어 문산 금곡 쪽 야산들이 넘겨다보인다. 칠암동 시가지와 상평·상대동의 시가지가 강을 사이하여 제값으로 눈에 들어온다.

천년 고도의 중심이 늘 강북임을 생각할 때 망원정에서 바라다보이는 시내는 강남·강서로 발전해 온 현대 진주의 근황이 그대로 드러나고 있음을 확인시켜 준다.

석류공원 뒤쪽으로는 4차선 도로가 개양 오거리를 향해 경쾌하게 뻗어 내리면서 왼편으로 진주문화방송 건물과 아파트 군락지를 쓰다듬고 있으며, 공원의 남서쪽 골짜기에는 연암공업대학이 머리를 수그린 자세로 다소곳이 둥지를 틀고 있다. 공원 구역 동쪽 아래에는 1978년에 세운 자연보호 헌장탑이 동쪽을 바라보며 서 있고, 서쪽 아래 기슭에는 형평운동 지도자 강상호(1887~1957) 선생 무덤이 있고 그 앞에는 그 어머니의 송덕비가 있다.

7 제5경 망진산 봉수대

망진산 봉수대에서 내려다본 평거 · 신안 · 이현 지구

망진산(望鎭山)은 망진산(望晋山)이라 쓰기도 하고 망경동 뒤에 솟아 있어서 망경산(望京山)이라고도 한다. 해발 172.4미터로 둘레에 토성지(土城址)가 일부 남아 있다. 그 성터 안에 망진산 봉수대(烽燧臺)가 세워져 있다. 이곳에서 내려다보이는 시가지와 주변 경관은 비교할 수 없으리 만큼 아름답다.

《진양지》에 망진산은 "주의 남쪽 강변을 넘어 6리에 있다. 승람에 이른바 망진은 곧 網鎭이다"라 한 것을 보면 망진산은 성의 기능과 관련되는 산임을 알 수 있다(《진주시사》상권, 153쪽).

지금은 망진산 정상에 한국방송공사 진주방송국의 망진산 진주송신소 송신탑이 세워져 있고, 그 북쪽 아래 약 50미터 지점에 진주문화사랑모임(회장 리영달, 복원 추진위원장 이순갑)이 세운 '망진산 봉수대'가 있다.

이 봉수대는 광복 50년인 1995년 광복절에 통일기원 전국 봉화제의 일환으로 진주문화사랑모임을 주축으로 한 민간단체가 망진산 봉화제를 올린 것이 계기가 되어 진주문화사랑모임이 2천여 명의 시민참여를 유도하고 문화재 전문위원들의 감수와 고증을 거쳐 1996

새로 복원된 봉수대

년 8월 14일에 건립한 것이다. 조선시대 축법은 흙과 돌을 함께 사용한 남방식이었으나 새 봉수대는 돌로만 사용한 북방식으로 건립되었는데 백두산 돌, 지리산 돌, 한라산 돌, 독도 돌, 월아산 돌 등을 채석하여 이룬 것이 특색이다. 본래는 현 송신탑 자리에 있었지만 고종 32년 1895년 폐지되고 1894년 동학농민항쟁과 1919년 3·1만세운동 때 봉홧불을 올려 기세를 떨치자 일제는 봉수대를 파괴해 버렸다(진주문화사랑모임 자료).

봉수제(烽燧制)는 근대적인 통신제가 도입되기 이전의 통신제였다. 이것은 근대적인 우편제도 이전에 우역제(郵驛制)가 있었던 것과 같다. 우역제는 파발(擺撥)을 이용하거나 사람이 걸어서 서신 등을 전달하는 제도였고 봉수제는 낮에는 연기, 밤에는 횃불을 이용하여 급한 사정을 알리는 지금의 메시지 통신의 뿌리였다. 봉수제는 신라, 고려를 거쳐 조선시대에 와 정립되었는데 순조 31년(1831년)에 간행된《진주목읍지》에 따르면 진주목에는 봉수군이 4백 명이 있었고 4개소의 봉수대가 있었던 것으로 기록되어 있다. 4개소는 다음과 같다.

　○대방산봉수(臺芳山烽燧): 주의 남쪽 110리의 창선면에 있으며 남쪽으로는 남해의 금산봉수에서 응하고 북쪽으로는 본주의 각산봉수에 알린다.

　○각산봉수(角山烽燧): 주의 남쪽 70리의 말문면에 있으며 서쪽으로는 대방산봉수에서 응하고 북쪽으로는 사천의 안점산봉수에 알린다.

　○망진봉수(望鎭烽燧): 주의 남쪽 10리의 섭천면에 있으며 남쪽으로는 사천의 안점산봉수에 알린다(여기는 望품이라 쓰여 있다).

　○광제봉수(廣濟烽燧): 주의 북쪽 40리의 명석면에 있으며 남쪽으로는 망진봉수에 응하고 북쪽으로는 단성의 입암봉수에 알린다.

이 내용을 보면 진주의 행정구역이 남해 창선도에까지 미치고 있음을 알 수 있다. 조선시대 봉수제는 5개 직봉 노선이 있었는데 망진봉수는 동래 다대포진에서 목멱산(서울 남산)에 이르는 제2노선의 보조 노선(간봉)으로서 '망진산 → 광제산 → 입암산(신안면) → 금성산(대병면)'을 거쳐 충주의 망이산에서 만나 서울의 목멱산에 이르게 된다.

그러나 망진산 봉수대 복원은 단순히 지나간 봉수대의 흔적을 확인하기 위해 이루어진 것이 아니다. 계기가 된 것이 '통일기원 망진산 봉수제'에 있었던 대로 통일의 염원을 봉화로 올리며 민족 통일의 실천적 의지를 다지는 데 있었다. 봉수대를 세우며 그 아래 기념시비를 세웠는데(박노정 시), 제목이 〈시작이자 마지막일 통일의 봉홧불을〉이다.

망진산 봉수대에서 내려다본 진양호와 판문동 지역

기미년 삼월 일일
우리나라 산봉우리마다
때맞추어 봉홧불 활 활 타올랐네
흰 옷 입은 사람들
가슴에 불을 놓아
삼천리 골골 샅샅 독립만세 번져갔네
진주 사람 카랑턴 정신으로 감연히 일어섰네
걸인들도 기생들도 앞 다투어 나섰네

　시 제1연이다. 진주 사람들의 독립만세운동이 봉홧불처럼 타올랐던 역사를 말하고 있는데, 물론 제2, 3연에서는 통일 지향으로 사는 삶은 정신에 봉화를 올리고 가는 것임을 일깨워 준다.

　망진산을 오르면서 사람들은 진주가 새로 시작된다는 것을 알게 된다. 진주가 비봉산 품이거나 멀리 지리산의 그림자로 앉아 있다는 재래의 관념이 깨어지는 느낌을 받게 된다는 말에 다름 아니다. 봉우리에 오르면 진주가 긴 산 능선과 봉우리들로 첩첩 배경을 짊어지고 필름이 돌아가는 듯한 원형으로 둘러싸여 있는 것을 바라보게 된다. 그러므로 진주는 예쁘고 알맞은 분지다. 하나의 공간이 공동체 삶에서 지나치고 모자람이 없는 적정선이라는 것이다. 그런 까닭에 전국에서 가장 오래된 축제인 개천예술제를 포용해 오고 있다 할 것이다. 축포 한 발 쏘아 올리면 시내 전체가 들썩이고 일렁이는 그런 공간이 이 망진산에서 보는 조망에는 한눈에 들어온다.

비봉산의 뒤쪽 오른편 배경으로 집현산, 광제산이 버티고 능선을 긋고 있고 서쪽으로는 산청의 웅석봉, 웅석봉이 맏형으로 예우하고 있는 천왕봉이 구름과 안개를 잔뜩 거느리고 있다. 하동 쪽인 남서 방향으로 서면 금오산이 보내오고 있는 대로 봉우리들이 꺼졌다가 솟았다가 하는 것이 보이고, 그 아래로는 눈을 바짝 앞으로 당겨 놓으면 진양호 일대의 푸른 물과 물에 맞닿은 작은 산들이 즈려 서 있는 걸 보게 된다. 남으로는 와룡산 능선이 구르듯이 다가오고 그 아래 사천읍 일부 건물들이 머리를 빠꼼히 내밀고 있는 것이 보인다. 동쪽으로는 다 드러나는 동부 진주와 마주하게 된다. 그 뒤로 어금니 같이 생긴 두 봉우리로 서 있는 월아산이 정면으로 보이는 지리산과 맞선을 보기나 하려는 듯이 수줍은 자태를 드러내고, 금산 신도시와 초전의 새로운 아파트 군을 뒤에다 거느리고 솟아 있는 선학산이 뒤벼리를 얼굴로 하여 시내 중심부를 열심히 내려다보고 있는 것이 시야에 든다.

망진산에서 내려다보이는 경치가 절경인 것은 역시 벼랑의 낙차와 함께 만나는 강물과 교통이 빚어내는 흐름의 미학이 절정으로 치닫는 데 있다 할 것이다. 깎아내린 벼랑 아래 경전선 철로가 놓이고 그 밑에 진주 하동 간 국도가 가지런히 나가고 그 밑에 남강이 서장대 허리를 향해 직선으로 유유히 흐른다. 그 건너엔 정리된 둔치가 강물과 이웃하여 대화를 나누고 있는 것이 보이고, 기인 둑이 신안·평거 강변도로를 일정하게 올려놓고 있는 것이 보인다. 왼쪽으로 아파트 군이 끝나는 즈음에 강을 가로지르는 진주 대전 간 고속도로가 올곧게 뻗어 나가고, 거기 이웃하여 신안·평거지역의 신식 건물과 솟아오른 아파트들이 개발과 문명이라는 의미를 한눈에 실감나도록 보여준다. 말하자면 망진산 서쪽에 펼쳐지는 전망은 흐르는 경치, 활력으로 솟아오르는 경치로 요약된다. 비단 물결이 푸르게 흐르고 새로운 문명이라는 동력이 근육처럼 불끈거리며 흐르는 경치인 것이다.

망진산에 있는 나무들은 팽나무, 소나무, 상수리나무, 오리목, 아카시아 등 새벼리나 뒤벼리에 나 있는 나무들과 크게 다르지 않다. 잘 들여다보면 산죽, 히말리아시다, 석류나무, 느티나무 등이 눈에 더 띄고 오르는 길가에도 청단풍, 배롱나무, 담쟁이 넝쿨, 진달래, 목련 등이 눈앞에 나선다. 이렇게 나무들이 맘껏 어우러져 천년의 비밀 같은 향기를 밖으로 내뿜고 있는 데 견주어, 시가지나 평거·신안동 쪽에서 올려다본 경치는 크게 돋보이는 것이 못된다.

뒤벼리를 올려다본 경치가 여성적이라면 망진산의 경우는 남성적이라 할 만하다. 산봉우리를 중심으로 좌우로 이어지는 능선은 낙타 등을 연상시킬 정도로 우직해 보인다. 봉수대 주차장 옆 공간에는 형평운동 지도자 신현수(申鉉壽, 1893~1961) 선생의 교육운동 송공비(頌功碑)가 서 있다. 이 비는 총림사 길목에 방치되어 있었는데 2005년 6월 10일 진주문화사랑모임에서 옮겨 와 세운 것이다. 망진산 봉우리로 오르는 길목에는 천태종 '월경사'와 조계종의 '정법

사' 가 있는데 산에 오르고 내리는 이들의 마음을 밤낮으로 여미게
한다.

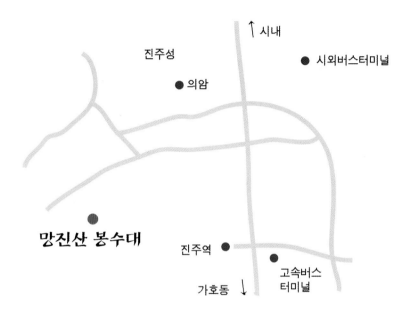

8 제6경 비봉산의 봄

비봉산(飛鳳山)은 해발 138.5미터로 진주의 진산(鎭山: 도읍이나 고을의 뒤쪽에 있는 큰 산, 고을을 지키는 主山)이다. 《진양지》에 다음과 같이 적혀 있다. "주의 북쪽 1리에 있다. 집현산으로부터 남쪽으로 와서 주의 진산(鎭山)이 되고 본주의 관기(官基, 관청의 터전)로 삼으니 곧 비봉의 모습이기 때문이다. 남으로는 망진산이 있고 서쪽으로는 죽동(竹洞)이 있으며 또 대롱사(大籠寺)와 소롱사(小籠寺)의 두 절이 있다. 모두 비봉으로 말미암은 것이요…"

비봉산은 전통적인 마을 생성의 구도라 할 수 있는 배산임수(背山臨水)의 뒷산(背山)이다. 진주를 두고 천년 도시라 하지만 실제의 역사는 더 멀리 아득한 옛날로 거슬러 오른다. 뒤로는 비봉산을 업고, 앞으로는 남강을 바라보는 자리에 고을이 앉았으므로 역사의 흐름 위에서 흔들리지 않는 터전을 잡았다고 할 수 있다.

비봉산 전경은 특별한 형용으로 드러나는 데는 없다. 고만고만한

꽃들이 만발한 비봉산의 봄

산이 갖는 꼭지변이 오른쪽으로 약간 기울어져 있는 예각 삼각형처럼 생겼다. 그렇다. 도시를 품어주는 어머니 모습이다. 서쪽으로는 팔을 뻗어 숙호산과 손을 잡고 동쪽으로는 주욱 팔을 뻗어 선학산과 손을 잡아 반원형으로 도시를 감싸 안고 있다. 강 건너 멀리 망진산과 눈을 맞추며 돌풍을 막고 새벼리와 뒤벼리의 후원을 입어 역사이래 주민들의 전설과 설화, 민요와 민담을 구석구석에 풀어 놓으며 왔다.

비봉산에는 나무가 울창하다. 상수리나무와 아카시아가 중심이고 아래쪽에는 소나무, 대나무가 군락을 이루고 있다. 옛날에는 비봉산을 '녹죽청송(綠竹靑松)'[5]이라 하여 대나무와 소나무가 주목이었던 것으로 보인다. 지금부터 100여 년 전에 박질의 토양에 잘 자라는 상수리나무를 계획적으로 심었다는 이야기가 전해진다. 그 뒤에도 진주고등학교 학생들이 편백나무를 심어 주변 경관을 아름답게 꾸미는 데 힘을 보탠 적이 있다. 산정에는 느티나무, 백일홍, 소나무들이

---

5) 녹색 대나무 청색 소나무

시가지에서 바라보이는 비봉산

있고 뒷산이나 측면의 산에는 과수원으로 유실수의 넉넉한 보고가
되어 왔다. 매실, 살구, 복숭아, 배, 딸기, 풍개 등이 탐스레 열리고
옛날에는 박하 재배로 유명했다.

　봄에는 아지랑이가 먼저 오고 꽃이 그 다음으로 달려와 자리를 잡
는다. 매화, 산수유가 봄의 전령으로 오고 나면 배꽃과 진달래, 풍개
꽃 등이 차례로 핀다. 봄의 계절에 입맛을 돋우는 쑥이나 나시랭이,
물굿이나 돋냉이, 쓴냉이 등 나물들이 다투어 돋아 오르면 나물 캐는
아가씨들이 삼삼오오 짝을 지어 나물바구니 들고 골짜기 골짜기를
누볐다. 산 전체는 연록으로 물들고 나무와 나무 사이 다소곳이 돋
아 오르는 산채들과 꽃송이 꽃송이들의 퍼레이드가 시작되면 도심
에 사는 사람들의 가슴을 아울러 봄으로 뛰게 한다. 비봉산의 봄은
아지랑이가 허리를 감돌고 연록이 서로 재잘거리며 무르익고, 골짜
기의 꽃송이들이 노래를 부르고 나물들이 바구니 바구니로 산이 알
려주는 봄소식을 얹어 나갈 때 뻐꾸기는 기일게 장단을 맞춘다. 그

때엔 유행가도 잊지 않고 찾아온다.

> 비봉산 허리에 아지랑이 끼이고
> 의곡사 골짜기에 뻐꾸기가 울면은
> 이 언덕 저 언덕에 삼삼오오 짝지어
> 나물 캐는 처녀들의 노래소리 고와라
> 에허야 좋구나 얼시구 좋구나
> 에허야 좋구나 우리 진양 강산이
> ― 〈진양강산〉 1절

비봉산은 전경으로 보이는 것처럼 그렇게 단순한 산이 아니다. 꼭대기에 오르면 배경으로 놓여 있는 능선들과 골짜기는 부채살로 보이기도 하고 그냥 편하게 보면 체계가 없는 자유로운 풍경으로 보이기도 한다. 남동쪽 능선을 조금 타고 가면 말티 고개로 곧장 가게 되고 정동쪽으로 내리면 하촌동으로 가고 정북으로 타고 가면 미천면으로 방향을 잡게 되고 서북쪽으로 내리면 가마못을 거쳐 사촌리 고개를 넘어서게 된다.

'어디로 간다'는 개념으로 보면 이렇게 부채살을 이루는 배경을 바

가까이에서 본 비봉산

비봉산 자락에 있는 비봉루(위)
비봉산 오른컨 자락에 있는 의곡사(아래)

라보게 되지만 '어디서 온다'는 개념으로 보면 비봉산 꼭대기로 여러 지역의 에너지〔氣〕를 모으는, 그래서 그 집적된 에너지로 진주를 아우르는 모성의 지형을 확인할 수 있게 된다.

모성은 오른쪽 아래 기슭에 신라 문무왕 5년(665)에 혜통 조사가 창건한 의곡사(義谷寺)를 품고 있고, 왼쪽 능선 아래 자락에는 고려 광종 원년(950)에 건립된 고구려 명장이자 진주강씨의 시조인 강이식(姜以式) 장군의 영정을 모신 봉산사(鳳山祠, 1976년 복원)를 무릎에 앉히고 있다. 가운데 아래쪽에는 고려 말 포은 정몽주가 다녀간 자리에 1938년 후손 정상진이 세운 비봉루를 그윽이 껴안고 있다.

천년 고장은 말로써 천년이 아니라 역사를 관류해 온 문화적 흔적이 이를 실증해 준다. 유(儒: 봉산사), 불(佛: 의곡사), 충(忠: 비봉루)의 정신이 올곧게 돌아 진주의 정신으로 이어지고 있는 것 아닌가.

비봉산에 얽힌 전설은 여러 가지가 있지만 대표적인 두 도막의 전설은 다음과 같다.

무학대사와 진주의 지맥

이성계가 임금이 된 뒤에 진주에 인물이 많이 나옴을 두려워하여 무학대사를 시켜 진주의 지맥을 살피게 하였다. 무학이 진주성을 살폈으나 그쪽은 별 문제가 없고 비봉산 쪽을 살피니 과연 명당 명승이 확실하고 비봉산 지맥이 대롱골 황새터와 연결되어 있음에 적이 놀랐다. 무학은 비봉산과 가마못으로 연결되는 자리를 끊어 놓고서 한시름 놓았는데, 이어서 동쪽을 살피니 비봉루 옆자리 향교가 명당인 점이 눈에 걸렸다. 그래서 향교를 보리당으로 옮겼다(더 뒤에는 지금의 옥봉동 위치로 옮김). 또 남쪽을 살피니 남강 하류 새벼리덤 고개 밑에 돌산이 튀어 나와 용이 꿈틀거리는 모습을 하고 있었다. 무학은 크게 신음을 하며 "음, 정말 못 쓸 땅이로다. 이렇게도 골골마다 명당자리라니…" 무학은 인부를 시켜 석룡을 파괴했는데, 떨어져 나오는 돌마다 용비늘 같았고, 그 용비늘 같은 돌에서 흘러나온 붉은 피가 강물에 섞이어 의령까지 흘러갔다는 것이다(《내 고장의 傳統》, 365~366쪽).

봉의 알자리

시내 상봉서동 주택가에 언덕처럼 솟아 있는 '봉의 알자리'는 진주 강씨의 흥망성쇠를 알려주고 있다. 예로부터 진주 강씨 집안에는 뛰어난 인물이 많이 나고, 대봉산(大鳳山) 밑에 웅거하여 권세를 부렸다. 세상 사람들은 강씨가 이렇게 득세를 하는 것은 대봉산에 봉암(鳳岩)이 있는 때문이라고 생각했다. 조정에서는 이 소식을 듣고 몰래 사람을 보내 봉암을 깨고, 대봉산 이름을 비봉산(飛鳳山)으로 바꾸어 부르게 했다. 봉이 날아가 버린 산으로 부르게 했다는 말이다. 이런 일이 있은 이후 진주 강씨 문중에는 인물이 크게 나지 않고 점점 세력이 쇠퇴하여 가자 이를 걱정한 후손들이 묘안을 내놓게 되었다. 날아간 봉(鳳)을 다시 불러들이려면 날아와 알을 낳을 자리를 마련해 주어야 한다는 안이 그것이었다. 평지를 돋우고 봉이 날아와 앉을 크기로 알자리를 조성하니 과연 봉이 날아오고, 날아온 뒤에 알을 낳기 시작했다는 것이다. 이후로 강씨 문중은 다시 일어나고 세력과 이름이 나라에 한결 크게 떨치게 되었다고 전해진다.

이 두 도막의 전설은 비봉산이 어쨌든 명산이라는 것을 증명해 주고 있는 셈이다. 또한 비봉산 정기를 받아 태어난 인물들이 하나같이 걸출한 인물들이라는 점을 환기시켜 주고 있는 셈이다. 나는 최근 비봉산에 오르고서 다음과 같은 시 한 편을 썼다. 끝에다 붙여 둔다.

비봉산을 오르면

비봉산을 오르면
뒤로 흐르는 능선과 골짜기들 부채살이다

돌아앉아 있는 것들
부채로 부치며 수박철에 수박 양단으로 쪼개고
복숭아철에 복숭아 껍질
손끝으로 벗겨낸다

풍개철에 풍개 시큼, 잇발로 베다가
빈둥 빈둥 나무 아래 오솔길 내고 봉소(鳳沼)로 내려서거나
하촌동 남인수 노래 들리는가, 대낮 할 일 다 놓고
그쪽으로 감감 내려 가는 날 많다

사람도 어느짬 올라 서 보면
뒤로 흐르는 능선과 골짜기들 부채살이다

돌아앉아 일 내는 것들
처음엔 부채로 어음 같은 유혹들 쫓아 보내지만
장차, 부채의 힘보다 유혹의 아금이 더 세다

보라 아금들이 부채를 들고 세상을 주겠다,
소풍 같은 걸 주겠다, 부채의 바람 불어보내면

등어리 긴 오솔길부터 무너져
동짓달 기나긴 허리, 한 수 기일게 창으로 뽑는다

아, 비봉산을 오르면
봉우리에
가려 보이지 않는 것들이 보인다
비봉산의 능선과 골짜기뿐만 아니라
전에 올랐던 산이 흘리는 능선, 골짜기들이 보인다

알고 있는 사람들 얼굴
그 뒤로 흐르는 것들이 숨어서 지껄이는 빠롤의
음절들, 하나 하나 초저녁 별처럼 살아나고
첨벙거리고…

9 제7경 월아산 해돋이

진주 팔경의 일곱 번째는 '월아산(月牙山) 해돋이' 다. 달엄산 또는 달음산으로도 불리는 이 산은 해발 482미터의 장군대봉과 해발 471미터의 국사봉을 아울러 이르는 쌍봉이다. 두 봉우리로 이어지는 부분이 어금니 모양으로 생겨 어금니에 뜨는 달의 의미로 월아산이라 불러온 것이 아닌가 한다. 이러한 의미에 이어지는 '아산토월(牙山吐月)' 이란 말이 있는데 이는 산이 달을 토해 낸다는 비유이다. 어쨌든 산과 달이 이루어내는 경치가 예로부터 예사롭지 않다는 것을 보여주는 말이라 할 수 있겠다. 어원으로 따지면 '달', '달아(다라)', '다래미' 등은 고대 국어에서 높다는 뜻에 이어지는 것으로 '월아산' 은 주위에서 높은 산이라는 뜻을 담고 있다는 점을 참고로 할 수 있다.

금산면과 문산읍, 진성면에 걸쳐 있는 월아산에 대해 《진양지》(晉陽誌, 1622년 광해군 14년부터 1632년 인조 10년에 걸쳐 성여신成汝信이 편찬한 진주목읍지)를 번역한 국역 《진양지》(진주문화원, 1991)는 다음과 같이 기록하고 있다.

> 월아미리(月牙彌里)에 있다. 발산이 서쪽으로 달려와서 원통산(圓通山)이 되고 원통산이 서북쪽으로 향하여 와서 이 산이 되었다. 두 봉우리가 서로 대치하여 본주(本州)의 수구(水口)를 가렸다. 동쪽에는 비봉(飛鳳)의 형국이 있고 서쪽에는 천마(天馬)의 형국이 있어 산의 동쪽에는 정승이 나고 산의 서쪽에는 장수가 난다고 일컬었으니 재상으로 강맹경, 강혼을 이르고, 장수로는 조윤손, 정은부를 이른다. 이것만 아니라 산의 사면(四面)의 아래에는 예부터 인재가 배출되었고, 산 위에는 기우단(祈雨壇)이 있다.

산세가 아름다워 정승과 장군이 많이 났다는 내용이 보이고 산 위

월아산 구름을 헤치고 아침해가 뜬다(위)
금호못에서 바라본 월아산(아래)

월아산의 쌍봉 가운데 큰 봉우리인 장군대봉

에는 기우단이 있다고 적고 있다. 국사봉(國社峰)은 기우제를 지내던 곳으로 거기에 얽힌 이야기들이 많다. 국사봉을 언제부터인가 '무제등' 이라 불러온 것은 기우제와 연관이 있는 것이 아닌가 한다. 국사봉의 서쪽 언저리가 명당 터로 알려지고 거기 묘를 쓰면 가운이 크게 일어난다는 설을 믿은 아랫마을 사람들은 가세가 기울어지면 야밤을 틈타 종종 묘를 썼던 모양이다. 그럴 때마다 극심한 가뭄에 시달렸던 동네 사람들은 다 나서서 묘를 파러 국사봉에 올랐고 합심하여 묘를 파내고 기우제를 지낸 뒤라야 동네의 안녕을 기할 수 있었다는 것이다. 묘를 쓰고, 파내는 일의 되풀이는 월아산 아래 마을을 이루고 사는 사람들의 애환이기도 하지만 이것은 산을 중심으로 살았던 사람들의 보편적인 자연관이었다.

월아산은 산으로서만 존재하는 것이 아니라 두 봉우리 아래 절경

월아산 쌍봉 가운데 둘째 봉우리인 국사봉

을 이루는 금호못과 봉지일경
(峰池一景)[6]으로서의 한 쪽이 된
다는 점을 주목할 필요가 있다.
그런데 산봉우리와 금호못 사
이의 연결이 매우 특이한 점을
놓칠 수가 없다.

국사봉   장군대봉

금호못

　그림에서 보는 것 같이 국사
봉과 장군대봉 두 봉우리의 대
칭에 이어 산이 둘씩 대칭을 이
루며 아래로 못에 이르는 경관은 하나의 비경이라 할 만하다. 이때

6) 산봉우리와 못이 하나를 이룬 경치

의 대칭은 정직하게 이루어지는 것은 아니지만 대칭인 두 봉우리의 연속 하강형이라는 말로 설명할 수 있을 것이다.

금호못은 둘레가 5킬로미터로 굴곡이 많고 요철 형태로 되어 있어서 한눈에 다 들어오지 않는다. 둑은 긴 터널처럼 호수 쪽으로는 벚꽃이 열지어 있고 시내 쪽으로는 소나무가 발 돋워 서 있다. 벚꽃나무는 가지를 수면으로 길게 늘여뜨리고 서 있는 것이 이색적이다. 벚꽃이 한창 피면 팔을 꼿꼿이 세운 가지가 아니라 수양버들처럼 머리 푸는 모습의 가지에서 화사한 벚꽃이 핀다. 어떤 겸양의 수줍은 자세일 듯싶다. 이 못은 언제 생겨났는지 알 수 없지만 신라 때 자연 생성된 것이 아닌지 추정되고 있을 뿐이다. 평균 수심 5.5미터, 250 헥타르의 논에 물을 대주는 큰 규모의 못으로 일제 때 둑의 일부분을 돋우긴 했지만 큰 골격은 옛 그대로 보존되고 있다. 전설로 내려오는 금호못 생성의 유래는 다음과 같다.

옛날에 황룡과 청룡이 하늘에서 싸움을 벌이고 있었다. 이를 본 어느 용사가 "싸움을 멈추거라" 하고 소리치자 청룡이 놀라 아래를 내려다보는 순간 황룡이 청룡의 목에다 비수를 찔렀다. 청룡이 땅에

금호못에서 바라본 월아산

떨어지면서 꼬리를 쳤는데 친 그 자리가 못이 되었다(하종갑, 南江五
百里).

　산과 못이 어우러지고 그 위에 달이 뜨면 용이 오르는 정경을 떠
올리지 않을 수 없었을 것이다. 그래서 월아산 언저리에 용의 전설
이 자리 잡았을 것이다. 그런데 봉우리는 해를 맞이하면서 아침을
여는 건강한 광경을 연출한다. 두 봉우리 사이 질매재로 솟아오르는
해는 그곳이기에 더 찬란한 광채를 띄운다. 나는 겨울 해돋이를 보
고 다음과 같이 시를 썼다.

　해가 뜨지 않고
　굴러 내렸다.

　가랭이 같은
　두 봉우리 사이 속곳
　여린 풀잎 레이스에 닿을 듯 굴러내려
　금호못 얼음바닥에 처박혀
　혼이 나갔다.

　혼이 돌아오면서

진주검무 춤사위에 들어가 이글 이그르르
외줄로 돌다가
못 둑에 나와 중천으로 곧장 돌아갔다.

— 졸시 〈월아산 해뜨기〉 전문

두 봉우리를 원형의 '가랭이'로 표현했고 그 사이에서 해가 솟아 금호못으로 굴러 떨어졌다고 보았다. 사실 사철을 두고 월아산에 해가 솟을 때 벌겋게 달아오른 불덩어리가 솟는 것이 아니라 금호못 수면으로 굴러 떨어져 이쪽 둑까지 한 줄의 쇠물을 끓이며 달려오는 인상을 준다. 정월 초하루의 해돋이를 365일 보여 주는 것이라 할 만하다.

해돋이가 장군대봉에서 이루어질 때는 더 높은 데서 뜨는 해를 바라지 말라고 말하는 듯하고, 국사봉에서 이루어질 때는 뜨는 자리를 두고 더 헤매지 말라고 말하는 듯하다. 봉우리와 봉우리 사이 질매재에서의 해돋이가 어쩌면 가장 안정감을 주는 것인지도 모른다. 치우치지 않음과 더 낮은 자리가 아님을 일깨우며 해가 솟아오르는 데

국사봉에서 진성쪽으로 본 원경

그 까닭이 있을 터이다. 그러나 이 적정한 해돋이는 언제나 한자리에서 볼 수 있는 것이 아니다. 봄·여름에는 송백리 쪽에서 쳐다보아야 하고, 가을에는 구암리 쪽에서 쳐다보아야 하고, 겨울에는 장사리 쪽에서 쳐다보아야 한다.

그런데 산의 경치는 언제나 쳐다보고 우러러보는 것만으로 완결되는 것이 아니다. 정상에 올라 내려다보는 조망의 맛이 어떤 결말의 여운을 남겨줄 수 있기 때문이다. 장군대봉에서는 남쪽으로 와룡산이 멀리 내려다보이고 동쪽으로 방어산(지수)이 건너다보인다. 조망은 국사봉에서 하는 것이 더 확실하다. 동·서·북으로 트여 있어서 동쪽의 진성면 들녘과 동북쪽의 금산 관방, 대곡 들녘과 남강, 북쪽의 자굴산과 가야산, 서쪽의 지리산 천왕봉, 남서쪽의 금오산 등이 원근으로 들락날락하고 있다. 서쪽으로 장사리 들판과 그 건너 초전동 쪽 남강을 시선 아래로 두고 멀리 천왕봉을 눈높이로 바라다보면 산이 산으로 솟은 까닭을 알게 된다. 봉우리는 이웃에 큰 산 영봉을 만나고서야 사람의 포부와 정신을 키우는 산의 깊이를 확인할 수 있다. 봉우리가 확인하는 것이 아니라 봉우리에 오르는 사람이 확인할 수 있다는 말에 다름 아니다. 바라다보이는 지리산은 역사를 만들고 역사가 되는 산이다. 사상을 만들고 사상이 되는 산이다. 은자를 만들고 스스로 은자의 품위가 되는 산이다. 그런 산, 산봉우리와 밤낮으로 맞대면하고 대화를 나누는 국사봉은 자연으로서의 산을 떠나 정신으로서의 산, 어떤 지향으로서의 산으로 자리매김하면서 서 있다고 할 수 있다.

그런 면에서 김덕령 장군이 설치한 목책성(木柵城)의 역사와 품안에 있는 청곡사의 역사가 절대 예사로 보이지 않는다.

목책성에 대한 기록은 국역《진양지》(284쪽),《임란사》,《충렬록》,《정충사지》등에 보인다.

월아리로 들어가고 질매재로 오르는 어우름 길섶에는 '호국 유적 월아산 목책성' 비가 세워져 있는데 내용이 간략히 기술되어 있다.

이 城은 임진왜란 당시 의병대장으로 용맹을 떨친 忠壯公 金德齡 장군이 쌓은 山城이다. 將軍은 서기 1594년(선조 27년) 삼월에 의병을 이끌고 진주성 탈환을 위해 진주로 추격하여 진주 동쪽 大谷里에 주둔하였는데 점차 의병의 수가 늘자 협소한 대곡리를 떠나 그 뒷산인 이 月牙山에 올라와 木柵으로 山城을 급조하여 이를 근거지로 삼아 왜적과 항쟁하였다. 그러나 장군은 불행히도 李夢鶴의 난 때 무고히 역적으로 몰려 서기 1596년(선조 29년) 8월 4일 30세를 일기로 장살당하였다.

국역《진양지》에는 김덕령 장군이 죽자 이를 슬퍼하지 않는 이가 없었고 풍신수길이 장군을 무고했던 자에게 오백금(五百金)을 주었다고 하여 당시 장군의 용맹이 얼마나 크게 떨쳤는지를 자세히 설명해 놓고 있다. 또 김장군이 월아산에 목책성을 설치한 것은 '장병(藏兵)의 땅'으로 삼고자 한 것인데 지금은 폐해지고 없다 하였다. 말하자면 목책성을 둘러놓고 몰래 병사들을 숨기고 양병하려는 뜻이 있었다는 것이다.

월아산이 품고 있는 것으로 청곡사(青谷寺)를 제외하고는 말할 수가 없다. 청곡사는 신라 헌강왕 5년(879)에 고려 왕건의 스승 도선 국사가 창건한 것으로 알려져 있다. 도선 국사가 이곳을 지날 무렵 남강 변에서 청학이 날아와 앉았는데 상서로운 기운이 가득해 있음

월아산 청곡사의 대웅전

을 보고 절터로 정했다는 말이 전해진다. 《진양지》에서는 '부사(浮査) 성여신(成汝信)의 기략(記略)'을 참고로 고려조 현종 때 종실(宗室)로서 호를 보상장로(宝尚長老)라 한 상총(尚聰)이 창건했다고 밝힌 바 있다. 그리고 목은(牧隱) 이색(李穡)이 여기에 시를 지어 보냈는데 여러 기둥 사이에 걸어두어 뒤에 전해진 지 300년이라 하였다. 그 시 첫 구절에 "두류산 동남쪽이 천하에 좋다더니 청곡이 거기 있어 진양을 둘렀구나"라 하였고 또 "국화는 제때에만 누렇게 되는구나"라는 구절이 있다고도 하였다.

청곡사는 그 뒤 임진왜란 때 소실된 것을 선조 광해년간에 복원하여 오늘에 이르고 있다. 대웅전은 경남에서 가장 오래된 목조 건물로 단층 팔작지붕이며 다포계(多包系)[7] 형식을 취해 그 건축학적 아

7) 처마의 무게를 받치려고 기둥 위에 조각 모양의 나무를 많이 댄 것

름다움이 비길 데가 없다. 오래된 사찰인 만큼 희귀한 문화재도 많다. 국보 제302호로 지정된 영상회 괘불탱을 비롯하여 보물 제1232호인 청곡사 목조제천석 대범 천의상 등 손꼽히는 품목들이 보존돼 있다. 최근(1990년대)에는 이곳 출신인 조선 태조의 비(妃)인 신덕왕후(康妃)가 보낸 은입사완 향로가 발견되어 크게 화제가 되기도 했다.

《진양지》에 퇴계 이황(李滉, 1501~1570) 선생이 지은 한시 한 수가 적혀 있어 눈길을 끈다.

> 금산 가는 길에 해거름에 비를 만났다네
> 청곡사 앞엔 활활 솟아나는 차가운 샘물
> 눈 녹은 진펄 위에 찍힌 기러기 발자국 같은 인생
> 살고 죽고 헤어지고 만나고 하는 일에 눈물 주루룩

> 琴山途上晩逢雨
> 青谷寺前寒瀉泉
> 渭是雪泥鴻瓜處
> 存亡離合一潛然

이 시는 퇴계 선생이 그의 숙부인 청해군(淸海君) 우(瑀, 1465~1517)가 진주 목사로 있을 때에 형 해(瀣)와 잠(潛)이 따라와 청곡사에서 독서한 적이 있었는데 그 뒤 퇴계선생이 1533년 의령 처가에서 곤양으로 가면서 이곳을 지나다 지었다. 이 시는 작은 돌에 새겨져 금호못 둑에 세워져 있었는데 지금은 유림에 의해 치워지고 새로 새겨진 빗돌이 둑의 왼쪽에 있는 금호정 앞에 세워져 있다.

월아산은 진주의 동쪽에 솟아 있어서 진주 해돋이의 기점이다. 해가 돋는다는 것은 시작을 의미한다. 역사와 문화, 전설이 깃들어 있는 월아산은 진주의 새로운 시작이 절대 단순한 것이 아니라 참으로 오묘하고 심장한 의미를 담고 있음을 시사해 주는 것이다. 진주 사람들은 그래서 새로운 하루를 역사에 걸맞게 거룩하게 여는 것인지 모른다. 〈진주 시민의 노래〉 2절은 이를 그대로 담아 불려진다.

월아산 솟은 해가 서기 비추니
기름진 들녘에다 인정이 곱다
일구고 가꾸는 맘 알알이 맺혀
슬기로 사는 길이 내일을 연다

여기에 이룬 문화 갈고 닦으며
땀으로 새긴 보람 꽃을 피우리

10 제8경 진양호 노을

進주 팔경의 막내는 '진양호 노을'이다. 진양호는 경호강과 덕천강이 만나는 곳에 위치해 있는 인공호수로 유역면적 2,285제곱킬로미터, 저수량 1억 3,600만 톤으로 7년 6개월의 공사기간을 거쳐 1969년 10월 7일 준공되었다. 그 뒤 1989년 남강 다목적댐 보강공사가 착공되고 1999년 12월 20일 보강댐이 준공됨으로써 저수량이 3억 9백만 톤으로 늘어나고 연간 전기 발전량도 4,000만 킬로와트에서 4,130만 킬로와트로 늘어났다.

애초에 진양호는 진주의 새로운 경관을 목표로 만들어진 것이 아니다. 생활·농업·공업용수를 안정적으로 공급하고, 기상 이변에 따른 가뭄과 홍수를 예방하여 인명·재산을 보호하고, 갈수기에 하류에 물을 흘려보내 하천의 건천화를 막아 하천 생태계를 보호하고, 무공해 수력 에너지 생산으로 원유를 절약하는 그런 다목적 지향으로 건설되었다. 그런 목적으로 건설되면서 부수적으로 생겨난 기능적 효과로 네 가지를 들 수 있다.

하나, 아름다운 호수와 주변의 도로개설로 수상레저와 여가를 즐길 수 있는 휴식공간이 제공된다.
둘, 철새, 물고기가 살 수 있는 터전을 새롭게 제공한다.
셋, 호수에서 진화용 물을 담을 수 있어 산불 진화에 유용하다.
넷, 댐 주변 지역의 지속적인 지원으로 지역 사회에 혜택을 준다.

어쨌거나 진양호가 생겨나면서 진주에 아름다운 경관 하나가 추가된 것이다. 산과 물이 이상적으로 만날 때 이루어내는 특별한 경승이 역사의 고을에 선물로 안겨지게 된 것이다. 산무더기들과 호수, 하늘과 구름이 어울려 한판 축제의 굿판을, 그것도 노을을 통해 이루어내는 굿판을 우리는 '진양호 노을'이라 부를 수 있게 되었다.

산이 흘러와 여기 멈추어 서고 물이 흘러내리다 여기 와 질펀히 고이고 구름이 나그네로 지나다가 수틀의 꽃무더기로 여기 와서 뜨는, 그 자리에 지루한 하루의 해가 대단원에 서녘을 골라 불덩어리 붓끝으로 아리땁게 동백꽃물을 들인다. 이를 일러 우리는 '진양호 노을'이라 부를 수 있게 되었다.

휴게 전망대에서 바라다보면 노을의 그림은 두 폭이다. 붉은 용암으로 이글거리는 서녘 하늘이 한 폭이고 겹겹으로 길게 누워 있는 산맥들을 경계로 아래쪽 호면이 서녘 하늘을 반영해 내는 것이 다른 한 폭이다. 재미있는 것은 천왕봉의 구실이다. 산맥의 수장으로 서 있는 천왕봉이 서녘 하늘과 지상의 호면(湖面)을 가운데서 짝 지워 주고 있다. 그런 느낌을 일으켜 준다.

진양호 노을이 이렇게 아름다운 장관을 이루는 데는 반드시 그 주변이 있고 뒤안길이 있어서 가능한 것이다.

남강댐이 이루어지기까지는 댐 권역의 수많은 주민들이 조상 대대로 살아온 삶의 터전을 수몰로 포기해야 하는 아픔을 겪었다는 이야기이다. 아픔 위에 만들어 세운 눈물의 경관이고 희생 위에 이룩하는 또 다른 부활이 진양호인 셈이다.

댐 보강 사업으로 수몰된 지역은 진주시(주 ― 진양군 포함), 사천시, 산청군 3개 시·군인데 해당 가구 수만도 1,641가구이고 수몰 지역인 수는 6,698명에 이르렀다. 진주시의 경우를 보면 판문동, 귀곡동, 대평면, 명석면, 내동면, 수곡면 등 6개 동·면에 총 481만 4천 제곱미터가 수몰되고 이로 말미암아 총 971가구 3,530명이 이주 대상이 되었다(《진주시사》 상권, 166쪽).

고향을 잃고 뿔뿔이 흩어진 이주민들 가운데는 뿌리와 본향에 대한 그리움을 달랠 길이 없어 망향비를 세워 놓고 생시나 꿈이나 수시로 달려드는 망향의 애환을 달래는 주민들도 있다. 귀곡동 수몰민들

진양호 전망대

은 '귀곡 망향비 건립 추진위원회'를 구성하고 2003년 8월 15일에 〈망향비(望鄕碑)〉를 충혼탑 아래 옛날 뱃길이 잘 보이는 공지에 세웠다. '호반에 와 서면/ 물 아래 들어간 고향 까꼬실이/ 아직도 허우적거리고 있음을 보게 되네'로 시작하는 망향시를 전면에 새기고 뒷면에는 귀곡동의 마을역사를 기록해 두었다.

　진양호가 생겨나면서 진양호 일원에 하나의 거대한 공원 지역이 형성된 것을 주목해 볼 수 있다. 다목적댐이 그야말로 댐으로 끝나는 것이 아니라 관광 레져 붐에 일익을 담당하는 휴식 공간으로서의 의미를 부가해 놓고 있기 때문이다. 진양호의 정동쪽은 강을 막는 댐으로 길이가 1,126미터이고 공원은 동북쪽 산언덕이 기본 지역이 된다. 호면을 두고 벼랑을 이루는 산 능선이 하나의 높이로 우뚝 서는 자리에 휴게 전망대가 지어져 있다. 3층 규모의 현대식 건축으로 넓게 확 트인 넓은 호면과 주변의 시가지, 지리산, 와룡산, 자굴산, 금오산 등을 멀리 바라볼 수 있다. 여기서 밑으로 구선착장까지 1년 계단(365계단)이 개설되어 있고, 동쪽 아래로는 진양호 후문으로 가는 길이 개설되어 있다. 어쨌든 공원 입구에서 전망대에 오르는 길목에 충혼탑, 가족쉼터, 전통예술회관, 민속경기장, 우악정, 남인수 노래비, 진주랜드, 동물원, 레이크 사이드 호텔, 이재호 노래비 등이 위치하여 공원으로서의 면모를 드러내 준다.

　충혼탑은 진주시와 진양군이 통합되면서 상평동 솔숲에 있던 진주시 충혼탑과 문산읍 남산에 있던 진양군 충혼탑을 철거하고 진주시가 2002년 6월 6일 이곳에 새로운 충혼탑을 건립했다. 조형물은 조각가 이성일이 설계했고, 글씨는 서예가 정인화가 쓰고 헌시는 시인 강희근이 지었다.

우약정(雨若亭)은 사각정(四角亭)으로 진양호의 아래쪽 전망대이다. 대곡면 출신 재일교포 하경완(河京完) 씨가 건립하여 진주시에 기증했는데 하씨의 아버지 자(字)를 따 '우약정'이라 했다. 하씨는 아버지 묘소를 개수하기 위해 단목리에 왔다가 애향의 징표를 남기라는 고인의 유지를 받들어 사각정을 짓고 고향 진주에 헌납하기에 이른 것이다.

동물원은 경남에서 유일한 것으로 호랑이, 사자, 곰, 독수리, 기린 등 야생동물들을 생육하고 있어 어린이들의 인기를 독차지하고 있다. 또한 이 일원이 영화 〈하늘 정원〉(이동현 감독, 안재욱 이은주 주연, 2003년 4월 4일 개봉)의 촬영지로 알려지면서 관광객들의 발길을 잇게 한다.

진양호 공원에는 두 개의 노래비가 있어 주목을 끈다. 구선착장 위쪽 기슭에 세워진 〈가요황제 남인수 노래비〉와 레이크 사이드 호텔 진입로 앞에 있는 〈이재호 노래비〉가 그것이다. 남인수 노래비는 남인수의 동상과 나란히 서 있어서 가요 명인을 추모하는 고향 사람들의 마음이 예사롭지 않음을 보여주고 있다. 남인수(南仁樹, 본명 강문수, 1918~1962)는 진주시 하촌동에서 태어나 44세를 일기로 한국 가요의 절정을 이루고 떠나갔다. 18세 때 〈눈물의 해협〉으로 데뷔하여 〈애수의 소야곡〉, 〈감격시대〉, 〈이별의 부산정거장〉, 〈청춘 고백〉, 〈가거라 삼팔선〉, 〈무너진 사랑탑〉, 〈산유화〉 등 천여 곡을 그 특유의 미성으로 불러 우리 가요의 한 흐름을 만들었다.

동상 건립은 부산소재 의료법인 대남병원의 오성광 이사장이 출연하여 2001년 6월 26일에 이루어졌다.

작곡가 이재호(1919~1960)를 추모하는 〈이재호 노래비〉는 진주청년회의소(건립 위원장 하문봉)가 1972년 8월 14일 세웠다. 〈귀국선〉, 〈번지 없는 주막〉, 〈나그네 설움〉, 〈물레방아 도는 내력〉 등 노래방 선곡의 중심을 이루는 가요를 작곡하여 세상의 중심에 섰던 그를, 노래비는 "이 고장에 나서 젊은 나이에 흙이 된 그는 임정가곡을 맘대로 못했던 시절에 살다 가면서 사랑보다 슬픔을 노래하였다"(설창수 글)고 추모했다. 노래비에 새겨진 〈남강의 추억〉은 그가 스스로 작사하고 곡을 붙인 노래였다.

> 물소리 구슬프다 안개 내린 남강에서
> 너를 안고 너를 안고 아~ 울려주던
> 그날 밤은 울려주던 그날 밤은
> 음~ 다시 못 올 옛 꿈이여
>
> (1940년 6월)

그런데 휴게 전망대에서 북쪽으로 머리를 돌리면 '양마산 길'이라는 표지판이 보인다. 이쪽으로 내려서면 보도블록 길을 양편으로 낀 계단길이 나온다. 150여 미터 숲길로 내려가면 양편의 보도블록 길이 없어지고 그냥 시멘트로만 된 계단길이 숲길 고개를 오르내리다가 흙길을 만난다. 흙길은 고요와 그늘, 그리고 풀잎 냄새를 머리에 이고 오르는 여인과 같다. 소나무와 상수리나무가 터널을 이루는 숲은 왼편이 수십 미터 벼랑이라는 것과 벼랑 발바닥까지 진양호 물길이 들어와 있다는 것을 잠시잠시 나뭇가지를 치켜들고 보여 주기도 한다.

사실은 여기에 이르러 진양호 공원이 놀이나 위락시설에 치우쳐 있다는 불편함이 해소되는 느낌을 가질 수 있다. 말하자면 휴식과 명상의 공간으로서의 공원 개념이 완성된다는 것이다.

흙길은 이제 휴게 전망대로부터 8백여 미터쯤에 가파른 고개를 이루면서 껑충 큰 목재 2층 팔각정을 세워 올린다. 누군들 이 팔각정 2층을 오르지 않고 이곳을 곧바로 통과할 수 있겠는가. 여기서 여러 마리가 함께 치고 드는 새소리와 수십 종의 벌레 울음소리의 합주를 듣게 된다.

누구나 합주를 들으면 이들 화음을 헤아리는 순간에 지휘자가 될 수 있다. 나뭇가지 사이로 언뜻언뜻 보이는 진양호 호면을 내려다보면 영락없이 호면의 물 주름이 회원권을 지닌 관객이 되리라. 손가락이 가는 대로 화음은 굴곡이 지고 멀리서 물줄기를 뻗쳐 내리는 호면은 청록색에 지쳐 무위의 시간을 보내다가 이 자연의 탄주에 감동의 눈망울을 반짝거릴 수밖에….

팔각정을 내려와 북쪽으로 들어서면 내처 명석면 쪽으로 가게 되고, 동쪽으로 방향을 잡아 내리면 곧장 내리막 오솔길이 시심을 일으켜 준다. 칡넝쿨이 잎사귀를 크게 펴며 바람을 일렁여 주고 키 작은 야산 식물들은 저마다 귀 쫑긋 세우고 길손을 맞이해 준다. 군데군데 의자와 평상이 반갑게 사람을 기다려 주고 어떤 의자는 최고의 안락형으로 비스듬히 누워 주인을 기다린다. 어느새 '진양호 삼림욕장' 구내로 들어선다. 오솔길이 오르막이 되는 데는 계단이 힘을 보태 주는 듯하고, 내리막이 되는 데는 계단이 쉼표처럼 보이는 듯하다. 더위와 산소가 바람에 섞여 한꺼번에 달려드는 곳이 삼림욕장의 입구이자 노인유락 시설 '상락원' 으로 들어가는 경계이다.

자연이 찾아다 주는 건강과 휴식의 공간 그 접점에 노인 복지 시설

태양이 구름에 가리운 진양호 노을

이 자리 잡은 것은 진양호 공원이 갖는 기능의 한 측면을 보여주는 것이라 하겠다. 그래서 양마산길은 결코 단순한 길이 아니라 가지 않는 길이 다시 시작될 수 있는, 가능성의 길임을 확인시켜 주고 있다 할 것이다.

진양호 노을은 주로 진양호의 북동쪽 휴게전망대 중심으로 바라본 경관이지만 댐 왼쪽 언덕배기 높이 세워져 있는 물 박물관으로부터 시작되는 호반 남서쪽 30리 경관이 꿈의 드라이브 코스로 크게 각광을 받고 있음을 지나칠 수가 없다. 수자원공사에서는 우리나라가 물 부족국가로서 오는 2011년에는 약 18억 톤의 물이 부족할 것으로 예상하고 물의 소중함을 일깨우기 위해 '물 박물관' 을 개설하여 댐의 건설과정, 물의 중요도 등에 대한 학생들의 체험 학습 공간으로 활용하고 있다. 아울러 일원을 '노을 공원' 으로 확대 운영, 휴식과 관광 차원의 벨트를 이루는 하나의 거점이 되게 하고 있다.

물 박물관 앞 도로에서 출발, 진주 하동 간 국도에 진입하여 2킬로 미터쯤 가다가 진수교 쪽으로 우회전해 들어가면 진양호 남반(南畔)의 드라이브 코스가 훤히 뚫린다. 한참을 진양호 북쪽에 떠 있는 섬들을 보면서 가노라면 코앞에 진수교 새 다리가 메디슨 카운티의 다리처럼 드라이브족들과 연인들을 반긴다.

진수교(晉水橋)는 진주시 내동면과 진주시 대평면을 잇는 다리로 진양호를 가로지른다. 삼부토건이 시공하여 총 연장 830미터, 교폭 10.35미터로 2000년 10월 28일 개통되었는데, 대평면 마동 일대의 늪이 돌보지 않는 변방으로 버려져 있다시피 되었다가 다리의 개통으로 관광의 전면으로 부상하게 된 것이다. 이 일대의 아름다움이 진주시향의 음률을 타고 합창곡으로 퍼진 것은 결코 우연한 일이 아니다.

> 진수교 새 다리에 그림자 길다
> 마동리 깊은 늪에 새들이 울면
> 종가집 다락들도 노을에 든다
> 고향을 찾는 이들 호수를 보며
> 옛날을 노니는 듯 생각이 깊다
>
> 아, 산들은 내려와 물위에 뜨고
> 먼 곳의 집들은 등불을 켠다
>   — 최은애 작사, 하오주 작곡, 〈진양호 노을〉

다리를 건너 우회전하고 좀 가다 다시 우회전하여 가다가 수곡으로 드는 길로 좌회전 하지 않고 직진하면 시원한 대평교가 나선다.

전망대에서 바라본 진양호 노을

대평교에 부는 바람은 물맛과 같다 할까. 대평면 옥답을 물로 덮어 버렸기 때문이기도 하고 옥답에서 나던 무가 천하제일 무로 알려져 있었기 때문이기도 할 터이다.

오, 저 질펀한 원수의 물, 아름다운 물! 어찌할 것인가? 고향을 대평면에다 둔 실향민들에게는 원수 같은 물이고, 관광객들에게는 그림 같은 물이다. 최근에 나온 《대평면지》는 대평면을 다음과 같이 설명해 준다.

대평면은 남부지방 고대 문화의 발원지이다. 대평면 일대의 남강 변에서 구석기 문화와 신석기 문화가 화려하게 꽃피었고 이어 청동기 시대, 삼한시대로 이어졌음을 증명하는 수많은 선사유적들이 이를 증명해 주고 있다. 천혜의 자연환경을 제공한 생명의 젖줄인 남강과 그와 이웃해 삶터를 꾸렸던 대평 사람들. 진정 진주 문화사의 첫 페이지를 연 것은 진주 문화의 뿌리인 대평 사람들이었다. 이처

구름 낀 날의 진양호 노을

럼 대평 사람들은 운명적으로 남강과 더불어 삶을 꾸려왔다.

진양호가 이렇게 대평면의 선사유적들을 덮고 삶의 문화를 다 덮고 경치 하나로 다가와 있으니 우리는 진양호, 진양호 노을을 그냥 있는 그대로 물이 있는 여타의 경승과 한데 놓고 바라볼 수가 없다. 한 부족의 흥망과 같은 역사가 눈시울에 와 걸리는 듯한 애잔함. 농민항쟁의 지도자 유계춘이나 흰옷 입은 백성들의 하소연이 아직 물에 떠서 무늬로 적고 무늬로 말하는 민화(民畵)[8]같은 그림들, 이주단지에서 가꾸어지는 농경에의 신비와 생존에의 거룩함 같은 무형의 경치가 함께 어우러지는 것, 그런 정서로 있는 것이 진양호인 것이다. 거기 섬이 뜨고 고산정(孤山亭)[9]이 뜨고, 동산재(東山齋)[10] 등이 현재의 위치와는 무관하게 역사의 경관으로 뜬다.

그러므로 진양호 노을은 노을이면서 진주 사람들의 역사이다. 역사일 뿐만 아니라 진주 사람들의 거울이다.

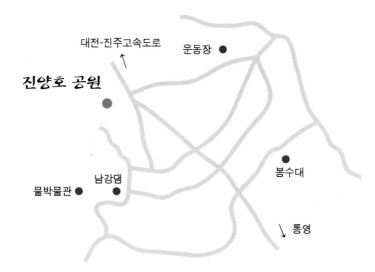

---

9) 학포(學圃) 정훤(鄭暄)의 강학지
10) 공희공(恭喜公) 황석기(黃石奇), 공정공(恭靖公) 황상(黃裳), 도은공(道隱公) 황준(黃濬) 등의 위패를 모심

11 돌아본 뒤

　　지금까지 진주 팔경을 다 돌아보았다. 앞에서 전제한 대로 진주는 풍광이 빼어난 고장이라는 점이 이로써 확인된 셈이다. 그러나 풍광은 자연으로서의 풍광만이 아니라 진주에서 역사 이래 살아온 진주 사람들의 의식과 문화와 깊숙이 관련되어 드러난 것임을 눈여겨 볼 필요가 있을 것이다. '성(城)'이라든가 '촉석루'라든가 '봉수대' 같은 경관은 진주 사람들이 이룬 구체적인 문화의 산물이고, '진양호'는 자연을 이용하여 건설된 다목적 댐이 만들어 준 또 다른 자연이다.

　　그러므로 진주 팔경의 경우 '팔경'이라고 제정하기 전에 팔경 가운데 세 개의 '경(景)'은 이미 문화로서 진주 사람들의 삶과 의식 속에 자리 잡고 있었던 것이다. 다른 다섯 개의 '경'은 또 어떤가? '남강 의암'은 충절의 여인 논개와 그 역사를 제쳐 두고는 설명되지 않는 경이고, '비봉산'과 '월아산', 그리고 '뒤벼리'는 제 각각 역사나 전설에 연결되어 있고, 마지막으로 남은 '새벼리'는 진주의 관문으로서 들고 남, 이동, 소통의 개념으로 진주 사람들 머릿속에 창문처럼 달려 있다.

말하자면 진주의 팔경은 자연으로서의 경치가 고스란히 자연으로만 있어서 상탄되어 오는 것이 아니라는 것이다. 그냥 있는 것으로서의 자연은 한 번 보고 아, 아름답구나 하고 말해 주면 그 뿐이지 지역민의 삶 속으로 들어와 존재해 있거나 작용하는 것이 아니라는 점에 주목할 필요가 있다.

똑같은 강물이지만 진주의 남강 물은 다른 데서 흐르는 강물과는 절대로 같지 않다. 강물이지만 제 홀로 흐르는 것이 아니라 진주 사람들의 의식과 만나는 접점에서 충혼으로 흐르는 강물이 된다는 것이다. 어찌 충혼뿐일까? 신새벽 강물에는 궂은 액귀들을 몰아내는 영험의 에너지도 전류처럼 전도되며 흐르는 것이리라. 1·4후퇴 때 한 시인이 진주에 들렀다가 〈晋州 가서〉라는 제목의 시를 남겼다. 끝부분을 옮겨 본다.

> 그의 가진 것에다 살을 비비면 병(病)이 낫는다고
> 아직도 귀때기가 새파란 새댁이 논개(論介)의 강물에다
> 두 손을 적시고 있는 것을
> 시인 설창수(薛昌洙)가 손가락으로 가리켜 주어서 보았다.

그렇다. 진주 팔경은 진주 사람들의 의식을 비춰 주는 거울이다. 문화를 자아내는 물레다. 거울에 먼지를 닦아내고 물레에 기름칠을 하는 일은 진주 사람들의 몫이다. 몫일 뿐만 아니라 진주 사람들의 미래다.

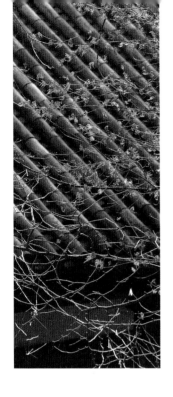

진주팔경을 노래한 시

의암(義巖)

고두동(高斗東)[11]

(1)
주검의 산데미로
이루어진 진양성(晉陽城)에

원수를 감아쥐고
분(憤)히 날아 뛰던 바위

사람은 가고 안오되
물은 돌아 흐른다.

(2)
그 제 슬픈 얘기
참아 어이 말을 하랴
의(義) 두곤 목숨이
가벼웁다 하련마는

뉘가 다 의암(義巖)에 올라
나도 하마 하렸던가.

---

11) 경남 충무 출생(1903~1994), 호는 황산(皇山), 시조시인.

촉석루(矗石樓)

김상옥(金相沃)[12]

헐린 성곽(城廓)을 둘러 강물은 흐르고 흐르고
나루에 빈 배 한 채 몇몇 날로 매었는지
갈밭 속 해질 무렵에 기러기떼 오른다.

흰 모래 깔린 벌에 대숲은 푸르른데
무너진 흙담 안에 사당(祠堂)은 벽이 없고
비바람 추녀에 들어 창(窓)살마자 삭는다.

---

12) 경남 통영 출생(1920~2004), 호는 초정(艸丁), 시인.

남강(南江)에서

김용호(金容浩)[13]

사랑하는 사람의
고운 얼굴

연(蓮)꽃

강(江)물은 흘러도
사라지지 않는
사랑하는 사람의
곱디고운
그 얼굴

혼백(魂魄)은 대나무로 살아
백사장(白沙場) 건너
푸른 병풍(屛風)을 치고

그날을 지켜 본
바위

흐르는 강(江)물에
손을 씻는데

---

13) 경남 마산 출생(1912~1973), 호는 학산(鶴山) 또는 야돈(耶豚), 시인.

씻어도 씻어도
지워지지 않는
오욕(汚辱)의 그 때를

통곡(痛哭)하는
피빛 노을

남강(南江)의
석양(夕陽) 하늘이여!

논개(論介)

노천명(盧天命)[14]

논개 치마에 불이 붙어
논개 치맛자락에 불이 붙어

논개는 남강(南江) 비탈 위에 서서
화신(火神)처럼 무서웠더란다.

「우짜꼬 오매야! 촉석루가 탄다, 촉석루가」
마지막 지붕이 무너질 제는
기왓장 내려앉는 소리
온 진주(晉州)가 진동(震動)을 했더란다.

기왓장만 내려앉는 것이 아니요
고을 사람들의 넋이 내려앉았기에
비봉산(飛鳳山), 서장대(西將臺)가 몸부림을 치더란다

조용히 살아가던 조그마한 마을에
이 어쩐 참혹(慘酷)한 재앙(災殃)이었나뇨,

밀어붙인 훤한 벌판은
일찌기 우리의 낯익은 상점(商店)들이 있던 곳

---

14) 황해도 장연 출생(1913~1957), 여류시인.

할매 때부터 정(情)이 든 우리들의 집이 서 있던 자리

문둥이가 우는 밤
진주(晉州)사 더 설게 통곡하는 것을
진주(晉州)사 더 설게 두견(杜鵑) 모양 목메이는 것을

촉석루지(矗石樓址)에서

박재삼(朴在森)[15]

촉석루(矗石樓), 촉석루가 이 자리에 서 있었것다.
그냥 덩실하여 우러르던 일상(日常)을,
그것이 무너지고는 손이 처진 합장(合掌)을.

세간 흩어져서 재로 남는 백성들은
의기(義妓) 버선발 뜨듯 추녀끝 돌아나가듯
하 높은 가을 하늘 밑 그림자만 서성여.

시방 가랑잎은 한두 잎 발치에 지고
저무는 기운 속에 대숲은 푸르며 있고
이 사이 소리도 없는 물은 역시 흐른다.

* 지금은 촉석루(矗石樓)가 재건되었지만 6·25 사변 직후에는
전화(戰火)로 말미암아 터만 남아 있었다.

---

15) 삼천포 출생(1933~1997), 시인.

논개(論介)

변영로(卞榮魯)[16]

거룩한 분노는
종교보다도 깊고
불붙는 정열(情熱)은
사랑보다도 강하다
아, 강낭콩 꽃보다도 더 푸른
그 물결 위에
양귀비 꽃보다도 더 붉은
그 마음 흘러라.

아리땁던 그 아미(蛾眉)
높게 흔들리우며
그 석류(石榴) 속 같은 입술
「죽음」을 입맞추었네!
아, 강낭콩 꽃보다도 더 푸른
그 물결 위에
양귀비 꽃보다도 더 붉은
그 마음 흘러라.

흐르는 강(江)물은
길이— 푸르리니

---

16) 서울 출생(1898~1961), 호는 수주(樹州), 시인.

그대의 꽃다운 혼
어이 아니 붉으랴
아, 강낭콩 꽃보다 더 푸른
그 물결 위에
양귀비 꽃보다도 더 붉은
그 「마음」 흘러라!

진주(晉州) 가서

서정주(徐廷柱)[17]

백일홍꽃 망울만한 백일홍 꽃빛 구름이
하늘에 가 열려 있는 것을 본 일이 있는가.

1·4후퇴 때 나는 진주 가서 보았다.

암수의 느티나무가 오백년을
의(誼) 안 상(傷)하고 사는 것을 보았는가.

1·4후퇴 때 나는 진주 가서 보았다.

기생(妓生)이 청강(淸江)의 신(神)이 되어
정말로 살고 계시는 것을 보았는가.

1·4후퇴 때 나는 진주 가서 보았다.

그의 가진 것에다 살을 비비면 병이 낫는다고.
아직도 귀때기가 새파란 새댁이 논개의 강물에다 두 손을
적시고 있는 것을 시인 설창수(薛昌洙)가 손가락으로 가리
켜 주어서 보았다.

---

17) 전북 고창 출생(1915~2000), 호는 미당(未堂), 시인.

남강(南江) 가에서

설창수(薛昌洙)[18]

진양(晉陽) 성외(城外) 수동류(水東流)를
왜 남강(南江)으로 이름했음일까
아무도 모른다.

언제 어디메서 처음 되었는지
너 강줄기의 족보를 아무도 모른다.

멍든 선짓피로 흘렀던
짓밟힌 청강(靑江)의 젖가슴에

말 없이 남아 있는 돌 하나—
그 묵어(默語)를 아무도 모른다.

둥근 달과 뭇 별을 눈망울에 담고도
차라리 여울마다 목메이는 서러움을
아무도 모른다.

*천지(天地) 보군(報君) 삼장사(三壯士)를 읊조렸던
왕이란 것 따로 없는 만백성의 나라—
역사란 얼굴을 비쳐 주는 푸른 거울임을 아무도 모른다.

　　　　* 칠언절구는 신청천(申靑泉)의 〈矗石 原韻〉에서 인용

---

18) 창원 출생(1916~1998), 호는 파성(巴城), 시인.

진주(晉州)에 사옵네

이경순(李敬純)[19]

와서 보니
여기는 진주

망경봉에 오르고
남강물을 건너네

너를 만나
나를 두고

구름 따라 돌다가
바람처럼 사라진다

오고 감이
이와 같으랴

님도 죽음도
순간인 것을

오늘도
진주에 사옵네

---

19) 경남 진주 출생(1905~1985), 호는 동기(東騎), 시인.

촉석루(矗石樓)

이호우(李鎬雨)[20]

늙어 누운 나무 병들어 쓰러진 나무
깎아 선 벼랑 끝에 가을 바람 울고 가고
빈 다락 석양(夕陽) 하늘에 낡을 대로 낡았다.

두어 두어도 百年을 못하는 목숨들이
한 나라 흥망(興亡)에 걸려 싸워 죽은 자리
질펀한 흰 모랫벌에 대숲만이 푸르네.

흔적도 없는 것은 차라리 서럽지 않다
애절한 사연을 지니고 외로 남을 의암(義岩)
저무는 강가에 서서 잠시 눈을 감는다.

---

20) 경북 청도 출생(1912~1970), 시조시인.

촉석루(矗石樓)

이희승(李熙昇)[21]

남강(南江)을 휘어다가
발돋움 하였구나

먼 산을 빌어다가
병풍(屛風)을 둘렀구나
이 다락 겪은 이야기
산(山)아 물아 일러라

---

21) 경기도 개풍 출생(1896~1989), 국문학자, 시조시인.

진주영가(晉州詠歌)

정완영(鄭椀永)[22]

남가람

세월이 뭐냐 물어도
남가람은 말이 없고

사공은 휘파람만 불어
강물만을 보내더라.

무심(無心)한 물새 한 마리
단심(丹心) 싣고 가는 돛배.

촉석루(矗石樓)

다 떨군 고목(古木) 가지
홀로 앉은 참새처럼

오백년 소슬한 꿈
눌러앉은 다락 위에

「촉석루」(矗石樓) 외로운 현판만

---

22) 경북 김천 출생(1919~), 호는 백수(白水), 시조시인.

등불처럼 떨고 있다.

　　댓바람

의랑(義娘)이 몸을 던질 때
강수(江水) 입어 푸렀던가

삼장사(三壯士) 피를 토할 때
마디 짚어 굵었던가

그 날 그 절개를 우는
저 청대밭 푸른 바람.

진주의기사영송신곡(晉州義妓祠迎送神曲)

정인보(鄭寅普)[23]

계실젠 진주 기생 떨어지니 나라넋이
남강물 푸른 빛이 그제부터 더 짙어라
오실제 길 묻지 마소 핏줄 절로 당기리

예(禮) 맞고 문 닫으니 물 너머는 산들이다.
이 강산 못잊기야 죽어 살아 다르리까
돛단배 어이 섰는고 님이신 듯 하여라.

---

23) 서울 출생(1892~미상), 호는 위당(爲堂), 담원, 시조시인, 사학자.

논개양(論介孃)

조태일(趙泰一)[24]

논개(論介)양은 내 첫사랑
논개양을 만나러 뛰어들었다.

초가을 이른 새벽
촉석루 밑 모래밭에다
윗도리, 아랫도리, 내의 다 벗어던지고
내 첫사랑 논개양을 만나러
남강(南江)에 뛰어들었다.

논개양은 탈없이 열렬했다.
내가 입맞춘 금가락지로 두 손을 엮어
왜장(倭將)을 부둥켜 안은 채
싸움은 끝나지 않고 숨결도 가빴다.

잘한다. 잘한다. 남강이 쪼개지도록 외치며
논개양의 혼 속을 헤엄쳐 다니는데,
물고기란 놈이 내 발가벗은 몸을 사알짝 건드렸다.

아마 그만 나가달라는 논개양의 전갈인가부다.

첫사랑 논개양을 그렇게 만나고

---

24) 전남 곡성 출생(1941~1999), 호는 죽형(竹兄), 시인.

뛰어나왔다.

논개양을 간신히 만나고 뛰어나왔다.

진양호(晉陽湖)

최재호(崔載浩)[25]

두류산 골을 질러
발목만 잠기는가

허리도 반 쯤 잠거
물 위에 비친 모습

이제 막 신방에 들어
몸을 사려 앉는다.

씻기운 하늘자락
여기 와 휘말리고

구름 거치른 속
푸른 아미(蛾眉) 그리느니

억만년(億萬年) 닫혔던 문이
저리 활짝 열렸다.

---

25) 고성 출생(1917~1988), 호는 아천(我川), 시조시인.

촉석루(矗石樓)

강희근(姜熙根)[26]

그 밑에 밤 안개를 치고 있다

왜(倭)바람의
그 왼짝발, 도포(道袍)자락으로 말아
쥐고 있다.

비봉(飛)鳳이여
그대의 우르르 우르르
한 떼기 수염이 몰려오고

몰려오는 한 떼기
수염,
그 밑에 밤 안개를 치고 있다.

선조(宣祖) 이후다.

---

26) 산청 출생(1943~), 호는 하정(瑕玎), 시인.

논개사당의 백일홍

김정희(金貞姬)[27]

유월에도 서리 맺는
여인의 매운 한을

삼단 같은 머리 풀어
밤마다 울어 예더니

백날을 소지(燒紙) 올리는
불꽃이 불꽃이 번진다.

그 불씨 하나.
벼랑을 물들이고

하늘로 물이 들어
구천으로 이르면

백날을 밝히던 횃불
대들보를 그을었다.

---

27) 일본 大阪 출생(1934~), 마산 성장, 호는 소심(素心), 시조시인.

비 봉 루

박노정(朴魯貞)[28]

여기서는 제 품수
제 몫의 나름

묵향(墨香)으로 한 뼘씩 더 자란 칫수의
상수리나무 굴참나무
上품의 학문에 귀를 쫑긋 세우고

은초(隱樵)선생
수십년 달이고 머금으며
넌즈시 뿌리신 작설차향(茶香)
비봉산을 촉촉하게 적셔 주고 있거니

고서(古書) 한 질의 높이만큼
수묵화 한 폭의 넓이만큼,
빙그르르 맴돌다가
점 점 점 번지다가

적이 내려다 보는 시가지가
눈에 거슬리지 않을 만큼
귀를 닫지 않을 만큼,

---

28) 진주 출생(1950~), 시인.

한 뼘에 한 치를

더한 만큼.

남강도 물 맑은 날

안개 속 우는 종달새 계절도 헤매다 가고
꿈꾸는 대숲으로 빈 바람만 울고 간다
발길에 걸리는 전설. 버들꽃이 흩는다.

햇빛 한 조각 닿아 반짝이는 강기슭엔
사백 년 푸른 넋이 호롱불로 떨고 있어
남강도 물 맑은 강심, 외발로 선 해오라기.

---

29) 통영 사량도 출생(1936~2004), 호는 운초(云初), 시조시인.

진양호반에서

이월수(李月洙)[30]

하늘빛 맞닿은
짙푸른 수면(水面) 위에
과녁의 화살마냥
순수(純粹)의 혼(魂)을 드리운
여기가 태공의 고향
전설(傳說)같은 호반(湖畔)이네.

산을 둘러 두른 병풍
몇 십리나 뻗었는가
한폭의 그림마냥
유유한 저 배들은
한나절 요람(搖籃)을 띄운듯
정겨웁고 화사해.

별무리 빠진 호수(湖水)
축제(祝祭)의 절정인가
잉어의 육광(肉光) 속에
물보라로 끓는 내연(內燃)
마음속 장지에 필
진양호반(晉陽湖畔) 내 고향.

---

30) 일본 兵庫縣 출생(1940~), 일명 지은(枝恩), 시조시인.

내 유년의 남강에 살며

최용호(崔容鎬)[31]

내 어릴적 남강둑 밑 큰 샘가에는 보리쌀 씻는 진주 여자들의 헤픈 웃음이 여름 햇살을 눕히고 있었나니.

아침나절 걸치고 나선 풀 먹인 삼베옷이 시든 배추처럼 처진 채

모래톱에 씻긴 발가락으로 기어드는 나의 골목에 안개되어 내려 앉던 보릿대 연기.

그 풋풋한 연기속에 달이 뜨는 처녀골은 도동 수박장수들의 수박만한 고함이 굴러 다녔나니.

음력 유월 스무아흐레, 의애미(義岩) 제삿날에 빠져 죽은 아이들이 배 건너 대밭에 대꽃으로 피고

가을엔 고추잠자리, 다시 겨울엔 연(鳶)이 되어 날아 다니던 긴 겨울날의 이야기가 소풀밭에 깔려 있었나니.

하마 잊었는가 나의 친구여

정월 대보름날 보리당 고개에서 달집을 태우며, 허사비를 던지며 복조리로 복을 사고 더위 파는 진주 사람을.

골목 골목을 돌며 장작개비 같은 마른 소리 지르던 아들 낳고 딸 낳고 달집나무 좀 주소.

원도 많고 한도 많던 진주 사람들아 달집에 빌어 얻은 아이는 남강 피라미, 모래무지와 함께 자라서 가마못 가물치처럼 까무잡잡하게 커서는

병정으로 나가고 쟁기질도 하더니 더러는 선학재에 묻혀 갔을 것을.

참으로 투박해서 늘 대질리면 사발 깨는 소리로 맞서는 둑밑 사람들.

큰물 지는 장마에 큰물에도 뛰어 들고 새벽길엔 물지게로 져 나르는 일

---

31) 경남 진주 출생(1940~), 호는 취람(翠嵐), 시인.

상의 노역,

그 곁으로 귀 밝혀 주던 권번 기생의 성주푸리가 뒤벼리 빨랫돌을 깨고 있었나니.

강을 거슬러 올라가면

대평(大坪) 장다리 무우, 단성(丹城) 밤숲도 만나고

아래로 내려 서면 문벌 좋은 정각도 만나서 철따라 넉넉한 가슴 열어 먼 길손도 쉬게 하였나니.

내 어릴적 남강둑밑

죽어 오래 살고 살아서 의롭게 죽는 순절의 바위곁에 흰 빨래 말리며, 활을 당겨 노을도 찢어 내더니

오늘은 환갑 다 된 남강다리 새 다릿발 받치는 기계소리에 눈쟁이 고기도 달아나고

내 머물 곳 없는 자리에 어릴적 박꽃이 피누나.

쓰다가 고치다가

최은애(崔恩愛)[32]

충절미인 논개가 시를 쓰고 있다 쓰다가 지우다가 쓰다가 고치다가 4
백년 하고도 7년이 더 흘러갔다 웬 시가 그렇게 기나긴 장강인가 그런 세
월을 고스란히 다 담고도 시가 되는가 다 담고도 시가 되는 걸출한 시는
단 몇 줄이 되었다가 단 한 줄 물살같은 소용돌이가 되었다가 꼿꼿이 선
눈썹 몇 날이 엉겨붙어서 만들어 놓은 「충」「혼」 두 글자까지 왔다 더는
줄일 수도 없고 더는 늘일 수도 없어 글자체만 매일매일 바꾸면서 쓰다가
지우다가 쓰다가 고치다가…… 고치다가 쓰다가

---

32) 서울 출생, 시인(1957~).